JN092701

第5版

図解

障害者総合支援法早わかりガイド

行政書士
山内 一永

日本実業出版社

最新版に寄せて

2006年４月に障害者自立支援法が施行され、本書の前身となる『図解 障害者自立支援法早わかりガイド』が2006年７月に発刊されました。さいわいにも多くの読者の方たちの手にとってもらい、当初の目的であった「最初の１冊として読んでもらう」入門書として一定の役割は果たせたのではないかと考えていました。

その後、民主党政権のもとで障害者自立支援法の廃止が明言され、同法における違憲訴訟の終結を迎えたところで、障害者施策は大きな転換点を迎えたはずでした。ところが、2012年６月に「地域社会における共生の実現に向けて新たな障害保健福祉施策を講ずるための関係法律の整備に関する法」が、障害者自立支援法の「改正」法である「障害者総合支援法」として成立しました。

廃止ではなく改正に留まったことには、多くの理由があったのかもしれません。だからこそ、ここで変更された箇所、変更されなかった箇所をまとめておくことも入門書の役割と考え、『図解 障害者総合支援法早わかりガイド』と改題して発行しました。

その後も、障害福祉サービス等の報酬改定など政策を反映させるかたちで改正が行なわれてきたことにともない、そのつど筆を重ねています。

今回、2024年の改正法施行を受けて最新版（上記『図解 障害者自立支援法早わかりガイド』から数えて第５版）を執筆するに際しては、これまでと同様、「最初の１冊として読んでもらう」ことを考え、細かいと思われる部分はあえて割愛し、解説の多くを図表に頼りました。

また、制度の内容についてわかりやすい表現を選んだ反面、その是非にはあえて触れていません。障害をもつ方々、ご家族の方のご事情においてその是非もまた多岐にわたると考え、この１冊がその思いを馳せるきっかけになれば、と考えてのことです。

障害者の権利に関する条約では、「人間の多様性、人類の一員としての障害者の受入れ」を訴えています。しかしながら、障害者支援の現場では、個々の障害の違いも受け入れられるよう取り組むなか、その支援事業所が地域の反対で開設できない、ということも残念ながら見受けられます。なによりも、障害を知ってもらうことがともに生きる社会の入口に立つと信じて、相互理解に本書が役立てば幸いです。

再度の執筆にあたって、ご協力いただいた事業所の方々、株式会社日本実業出版社編集部には重ねて御礼申し上げます。

2023年12月　中野坂上にて

山内　一永

本書をご覧になる前に
障害者支援のための制度・施策はいろいろあります。
まずは、おおまかな全体像をつかんでおきましょう。

障害者にかかわるさまざまな法律

「障害者基本法」をベースに、障害種別ごとの法律があり、
さらに障害福祉サービス等のしくみを定めた「障害者総合支援法」があります。

国としての理念・施策推進のための基本方針を規定

障害者基本法

▼

障害のある・なしにかかわらず、互いに尊重し合いながら、
地域の一員として、ともに生きる社会へ

障害種別ごとの定義・関連する施策の規定

社会福祉法	介護保険法
身体障害者福祉法	知的障害者福祉法
精神保健福祉法	発達障害者支援法
児童福祉法	障害者雇用促進法
障害者差別解消法	障害者虐待防止法

難病法（難病の患者に対する医療等に関する法律）
バリアフリー法（高齢者、障害者等の移動等の円滑化の促進に関する法律）

など

障害福祉サービス・各種支援の規定

障害者総合支援法

（障害者の日常生活及び社会生活を総合的に支援するための法律）
2012（平成24）年６月成立

▼

障害者が個人としての尊厳をもって地域生活を実現できるよう、
総合的に支援するための制度やしくみづくり

▼

2022（令和４）年12月 改正法成立
2024（令和６）年４月 施行

障害者総合支援法の構成

第１章　総則
第２章　自立支援給付
　第１節　通則
　第２節　介護給付費、特例介護給付費、訓練等給付費、特例訓練等給付費、特定障害者特別給付費及び特例特定障害者特別給付費の支給
　　第１款　市町村審査会
　　第２款　支給決定等
　　第３款　介護給付費、特例介護給付費、訓練等給付費及び特例訓練等給付費の支給
　　第４款　特定障害者特別給付費及び特例特定障害者特別給付費の支給
　　第５款　指定障害福祉サービス事業者及び指定障害者支援施設等
　　第６款　業務管理体制の整備等
　第３節　地域相談支援給付費、特例地域相談支援給付費、計画相談支援給付費及び特例計画相談支援給付費の支給
　　第１款　地域相談支援給付費及び特例地域相談支援給付費の支給
　　第２款　計画相談支援給付費及び特例計画相談支援給付費の支給
　　第３款　指定一般相談支援事業者及び指定特定相談支援事業者
　　第４款　業務管理体制の整備等
　第４節　自立支援医療費、療養介護医療費及び基準該当療養介護医療費の支給
　第５節　補装具費の支給
　第６節　高額障害福祉サービス等給付費の支給
　第７節　情報公表対象サービス等の利用に資する情報の報告及び公表
第３章　地域生活支援事業
第４章　事業及び施設
第５章　障害福祉計画
第６章　費用
第７章　国民健康保険団体連合会の障害者総合支援法関係業務
第８章　審査請求
第９章　雑則
第10章　罰則
附則

障害福祉関連法の歩み

＋福祉三法　＊福祉六法

1946（昭和21）年	日本国憲法の公布
	憲法第25条（生存権等）
	① すべて国民は、健康で文化的な最低限度の生活を営む権利を有する。 ② 国は、すべての生活部面について、社会福祉、社会保障及び公衆衛生の向上及び増進に努めなければならない。
	⬇
	社会福祉のスタート地点
	救護法の改正による生活保護法の成立
1947（昭和22）年	**児童福祉法＋＊**の成立
1949（昭和24）年	**身体障害者福祉法＋＊**の成立
1950（昭和25）年	精神衛生法（現・精神保健福祉法）の成立
	生活保護法＋＊の成立
1951（昭和26）年	社会福祉事業法の成立
1958（昭和33）年	職業訓練法の成立
	国民健康保険法の成立
1960（昭和35）年	精神薄弱者福祉法の成立（現・知的障害者福祉法＊）
	身体障害者雇用促進法の成立（現・障害者雇用促進法）
1963（昭和38）年	**老人福祉法＊**の成立
1964（昭和39）年	母子福祉法の成立（現・母子及び父子並びに寡婦福祉法＊）
1969（昭和44）年	職業訓練法の全面改正
1970（昭和45）年	心身障害者対策基本法の成立（現・障害者基本法）
1981（昭和56）年	国際障害者年（IYDP）
	ノーマライゼーション※の理念が普及 ※障害の有無で区分することなく、平等に生活する社会を実現する考え方

1982（昭和57）年	国連総会「障害者に関する世界行動計画」「障害者に関する世界行動計画の実施」採択 「国連障害者の10年」（1983～1992年）の宣言
1993（平成5）年	**障害者基本法** の成立
1997（平成9）年	介護保険法の成立（2000年4月1日施行）
2000～	
2003（平成15）年	**支援費制度**※の導入 ※障害者自らがサービスを選び、契約に基づいて利用する制度
2005（平成17）年	**障害者自立支援法** の成立
2011（平成23）年	**障害者基本法**の改正 障害者虐待防止法の成立
2012（平成24）年	障害者自立支援法の改正による **障害者総合支援法** の成立（2013年4月1日施行）
2016（平成28）年	**障害者総合支援法**・**児童福祉法** の改正（2018年までにすべてが施行） **障害者差別解消法**施行
2022（令和4）年	**精神保健福祉法**の改正（2023年4月1日施行） **障害者総合支援法**・**児童福祉法** の改正（2024年4月1日施行）

障害者総合支援法の給付・事業の全体像

市町村

自立支援給付

原則として国が２分の１負担

介護給付

- ◆居宅介護（ホームヘルプ）
- ◆重度訪問介護
- ◆同行援護
- ◆行動援護
- ◆重度障害者等包括支援
- ◆短期入所（ショートステイ）
- ◆療養介護
- ◆生活介護
- ◆施設入所支援

児童福祉法による給付
※対象＝障害児

訓練等給付

- ◆自立訓練
- ◆就労移行支援
- ◆就労継続支援
- ◆自立生活援助
- ◆共同生活援助（グループホーム）

障害者・障害児

自立支援医療

- ◆更生医療
- ◆育成医療
- ◆精神通院医療※

※実施主体は都道府県など

地域相談支援給付
計画相談支援給付

補装具費

地域生活支援事業

国が２分の１以内で補助

- ◆相談支援
- ◆成年後見制度利用支援
- ◆意思疎通支援
- ◆日常生活用具の給付または貸与
- ◆移動支援
- ◆地域活動支援センター機能強化
- ◆福祉ホーム
- ◆自発的活動支援
- ◆理解促進研修・啓発　など

支援

- ◆専門性の高い相談支援
- ◆広域的な対応が必要な事業
- ◆意思疎通支援を行なう人の育成・派遣
- ◆人材育成

など

都道府県

障害福祉サービスの種類

障害者総合支援法、児童福祉法に基づき、障害者・障害児が受けられる支援

◆障害者総合支援法に基づくサービス

対象：18歳以上の法律に規定する障害者・難病者
（青字は障害児も利用可能）

◉介護給付

〔居宅系サービス〕…居宅介護（ホームヘルプ）／重度訪問介護／同行援護／行動援護／重度障害者等包括支援／短期入所（ショートステイ）

〔通所系サービス〕…生活介護／療養介護

〔居住系サービス〕…施設入所支援

◉訓練等給付

〔通所系サービス〕…就労移行支援／就労継続支援（A型＝雇用型・B型＝非雇用型）／就労定着支援／自立訓練（機能訓練・生活訓練）

〔居住系サービス〕…自立訓練（宿泊型）／共同生活援助（グループホーム＝介護サービス包括型・外部サービス利用型・日中サービス支援型）

◉相談支援

計画相談支援

地域移行支援

地域定着支援

◉その他

自立支援医療／補装具費／地域生活支援事業

◆児童福祉法に基づくサービス

対象：障害児……18歳未満で、法律に規定する身体障害・知的障害・精神障害のある児童（発達障害児を含む）、または難病者で厚生労働大臣の定める障害の程度である児童

〔通所支援〕…児童発達支援／医療型児童発達支援／放課後等デイサービス／保育所等訪問支援／居宅訪問型児童発達支援

〔入所支援〕…福祉型障害児入所施設／医療型障害児入所施設

〔相談支援〕…障害児相談支援

図解　障害者総合支援法早わかりガイド［第５版］

CONTENTS

第3章 障害者を支援する福祉サービスのしくみ

第4章 介護給付・訓練等給付の利用手続き

第5章

障害福祉サービスを提供するために

カバーデザイン：春日井恵実
本文デザイン＆組版：ダーツ
本文イラスト：ぜんごゆうこ

＊本書の内容は、2024年4月1日現在の法律等に基づいています。
また、厚生労働省の公表資料等を参考にしました。

第1章

障害者総合支援法はどんな法律なのか

障害者総合支援法は、地域社会における共生の実現に向けて、障害者の日常生活および社会生活を総合的に支援することを目的として成立した法律です。

障害者自立支援法の改正法として、2013（平成25）年に施行されました。利用者やサービス提供者（事業者）らの声を反映させながら、よりよい制度を目指して大幅な見直しが行なわれたのです。

この章では、障害者総合支援法のあらましと旧法との違い、そして、2024（令和6）年4月の改正ポイントについて解説します。

障害者総合支援法の目的と基本理念

地域社会における共生の実現に向けて

▶障害者の生活を総合的に支援

障害者総合支援法は、障害者自立支援法の改正法として、2013（平成25）年４月１日に施行されました。正式には、「障害者の日常生活及び社会生活を総合的に支援するための法律」といいます。地域社会における共生の実現に向けて、障害がある人の日常生活および社会生活を総合的に支援することを目的に、障害福祉サービスなどについて規定した法律です。

障害者自立支援法の目的を踏襲しつつ、利用者やサービス提供者（事業者）らの声を反映しながら各種施策を充実させるため、障害者総合支援法の第１条（目的）では、「障害者及び障害児が基本的人権を享有する個人としての尊厳にふさわしい日常生活又は社会生活を営むことができる」よう支援することが明記されました。

▶障害福祉施策が目指すもの

さらに、2011年に改正された障害者基本法（82ページ）を踏まえ、障害者総合支援法の第１条の２（基本理念）には、次のような点が盛り込まれました。

①すべての国民が、障害の有無にかかわらず、等しく基本的人権を享有するかけがえのない個人として尊重されること

②すべての国民が、障害の有無によって分け隔てられることなく、相互に人格と個性を尊重し合いながら共生する社会を実現すること

❖障害者総合支援法が目指すもの　（2012年6月20日成立）

目的・基本理念

「自立」という表現に代わり、
「基本的人権を享有する個人としての尊厳」と明記

従来の障害福祉サービスによる支援に加え、
地域生活支援事業その他の必要な支援を総合的に行なう

障害者自立支援法からのおもな改正ポイント

1. 障害者の範囲の見直し
2. 「障害支援区分」の創設
3. 障害者に対する支援の見直し
4. 地域生活支援事業の見直し
5. サービス基盤の計画的整備
6. 附則による配慮規定、検討規定
7. 関係法令の整備

③可能な限り、その身近な場所において必要な日常生活または社会生活を営むための支援を受けられること
④社会参加の機会が確保されること
⑤どこで誰と生活するかについての選択の機会が確保され、地域社会において他の人々と共生することを妨げられないこと
⑥さまざまな社会的な障壁が除去されること

障害者・障害児を対象とする、さまざまな障害福祉サービスは、この基本理念に基づいて実施されることになります。

02 障害者自立支援法からのおもな改正ポイント

障害者の範囲や支援内容の見直し

障害者自立支援法から障害者総合支援法に改正された際、障害者・障害児の範囲や支援内容などが見直され、サービス基盤の計画的整備による強化が掲げられました。こうした改正の経緯や2つの法律の違いについて、お話ししましょう。

(1)障害者の範囲の見直し

▶対象に「難病等」が加わる

障害者自立支援法における「支援の対象となる障害者」は、次のように規定されていました。

◦身体障害者…法律に規定する身体障害がある18歳以上の者
◦知的障害者…知的障害者福祉法にいう知的障害者
◦精神障害者…法律に規定する18歳以上の精神障害者（発達障害者を含み、知的障害者を除く）

ここでいう身体障害者とは、永続し、かつ一定以上の障害がある者を対象とし、法律でその障害について明示していたため、症状が変動しやすい難病患者等が障害福祉サービスの支援の対象外となってしまう問題点がありました。

また、難病患者等に対して、市町村が支援事業を行なう場合は、難病患者等居宅生活支援事業として補助を行なっていましたが、自治体により違いがあることも問題視されていました。そこで、総合支援法では、広く障害福祉サービスを提供するため、新たに**難病等**を対象とすることになったのです。

対象となる難病等は、治療方法が確立されていない疾病その他

❖支援の対象となる「障害者」とは

身体障害者（身体障害者福祉法第４条）

法律に規定する身体障害がある１８歳以上の者であって、都道府県知事から身体障害者手帳の交付を受けた者

知的障害者（知的障害者福祉法）

知的障害の具体的な定義はないが、厚生労働省では「おおむね１８歳までに知的機能の障害があらわれ、日常生活に支障が生じているため、何らかの特別な援助を必要とする状態にある者」としている

精神障害者（精神保健福祉法第5条）

統合失調症、精神作用物質による急性中毒又はその依存症、知的障害その他の精神疾患を有する者のうち、１８歳以上の者

難病者（障害者総合支援法により追加）

治療方法が確立されていない疾病その他の特殊の疾病であって、政令で定めるものによる障害の程度が厚生労働大臣の定める程度である１８歳以上の者

障害児（児童福祉法との再編により規定）

１８歳未満で、法律に規定する身体障害・知的障害・精神障害のある児童（発達障害児を含む）、または難病者で厚生労働大臣の定める障害の程度である児童

の特殊な疾病のうち、厚生科学審議会難病対策委員会での議論などを経て指定された疾病で、難病であるかどうかは、時代ごとの医療技術や社会事情などによっても変化します。

障害者総合支援法の施行当初は、潰瘍性大腸炎（かいようせいだいちょうえん）や筋萎縮性側索硬化症（きんいしゅくせいそくさくこうかしょう）（ＡＬＳ）など130の難病に限定されていましたが、その後、対象疾病の見直しがたびたび行なわれ、2024年４月１日時点

で「369疾病」に拡大されています（209ページ）。

なお、障害者総合支援法では、障害者手帳（身体障害者手帳、療育手帳、精神障害者保健福祉手帳）を持っていなくても、対象疾病であることがわかる証明書（診断書など）を居住地の市町村窓口へ持参して申請すれば、「障害支援区分の認定（120ページ）」や「支給決定などの手続き（124ページ）」を経て、必要と認められた支援を受けることができます。

⑵障害支援区分の創設

障害福祉サービスを必要な人に適切に提供するためには、客観的な指標となる目安が必要です。総合支援法では、2014年４月から「**障害支援区分**」という認定基準が設けられています。

障害者自立支援法で用いられていた「障害程度区分」は、「介護保険制度」がベースになっていたため、起き上がれるか、歩けるか、１人で食事ができるか……といった身体的な障害の程度（重さ）によってサービスの内容が決まっていました。障害によっては「困っている状況」がうまく伝わらず、本来必要とされる支援が提供されにくいという問題がありました。

また、知的障害者や精神障害者については、コンピューターによる１次判定で低く判定される傾向があり、その後の専門家の審査会による２次判定で引き上げられる割合が高かったため、その特性を反映できていないのではないかとの指摘もありました。

このため、障害者総合支援法では、日常の生活動作だけでなく、意思の疎通や行動障害といった障害の多様な特性や心身の状態に応じて適切な判定がなされ、必要な支援が行なわれるよう、認定の際の調査項目を見直し、認定基準を改めることとなったのです。それに伴い、名称も「障害支援区分」に変わりました。

しかしながら、障害者・障害児の社会的状況や生活環境（介護者、居住の状況など）を考慮すべきとの指摘や、障がい者制度改革推進会議総合福祉部会で提言された（障害者本人が望む暮らし方を実現するために、必要な支援とその量を示す）支援ガイドラインに基づく（支援ガイドラインの水準やサービス内容に適合しない場合に障害者と行なう）協議調整による支給決定への取り組みという課題もまだ残されています。

障害者総合支援法の施行後３年を目途として法律の施行状況、児童福祉施設のあるべき実施主体、障害の範囲等、また施行後５年の経過後には障害福祉サービス、相談支援や自立支援医療の実施状況に応じて検討を加えることや、福祉施策、就労支援の状況に応じて検討、必要な措置を講ずるものとするなど柔軟な対応に含みを持たせました。

⑶障害者に対する支援の見直し

総合支援法では、障害者に対する支援の拡大を目的として、次のような改正が行なわれました。

▶重度訪問介護の対象を拡大

重度訪問介護の対象を、障害者自立支援法における「重度の肢体不自由者等であって常時介護を要する障害者」に加え、「重度の知的障害者・精神障害者」にも適用することになりました。

▶共同生活介護の共同生活援助への一元化

今後、障害者の高齢化・重度化が進むことを背景として、介護が必要な障害者のグループホームへの新規入居や、グループホーム入居後に介護が必要となるケースが増加すると見込まれます。

しかし、自立支援法においては、障害程度区分により共同生活介護（ケアホーム）と共同生活援助（グループホーム）の２つの類型に分けていたものの、実際にはグループホーム・ケアホーム一体型の事業所が半数以上となっていました。

そこで、障害者総合支援法では、共同生活を行なう住居でのケアが柔軟にできるようケアホームをグループホームに統合し、これにより、日常生活上の相談に加えて、入浴、排泄または食事の介護その他の日常生活上の援助を提供し、障害者の地域移行を促進するために、地域生活の基盤となる住まいの場を確保していくこととなりました。

(4)地域生活支援事業の見直し

▶地域移行支援の対象を拡大

地域生活への移行のために支援を必要とする者を広く支援の対象とする観点から、障害者自立支援法で規定された障害者支援施設等に入所している障害者または精神科病院に入院している精神障害者に加えて、重点的な支援を行なうことにより地域生活に円滑に移行できることが期待される保護施設・矯正施設等を退所する障害者等で、厚生労働省令が定める者が追加されました。

▶地域生活支援事業の追加

地域社会における共生を実現するため、また、社会的障壁の排除に役立つよう、地域社会の側への働きかけの強化を進め、地域における自発的な取り組みの支援、成年後見制度の利用促進および意思疎通支援の強化へ向けて、地域生活支援事業の拡大を通じて取り組むこととなりました。

(5)サービス基盤の計画的整備

障害者総合支援法の施行に合わせ、サービス基盤の強化に取り組むため、次の項目において、計画的な整備を行なうことになりました。

◦障害福祉計画の必要事項に「サービスの提供体制の確保にかか

❖地域生活への移行に向けた支援のイメージ

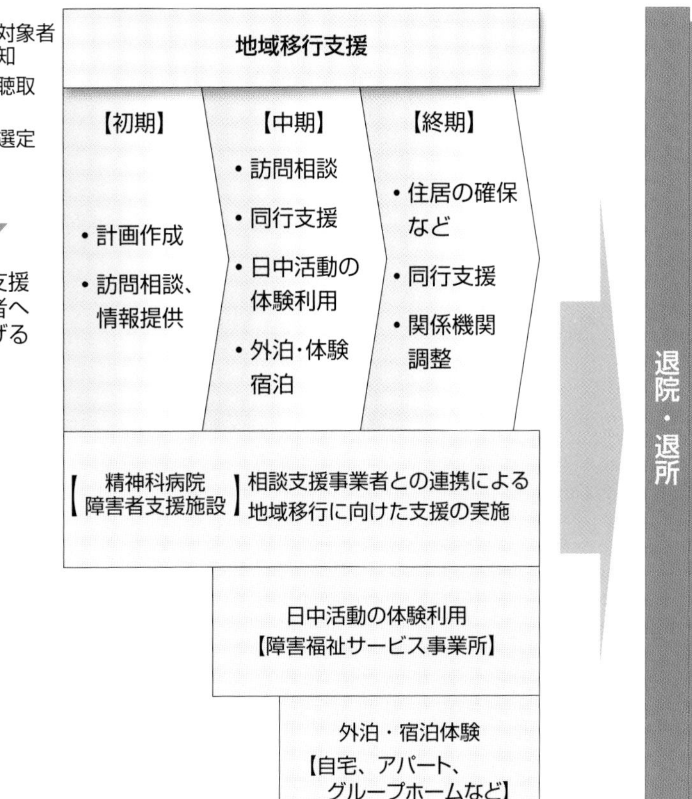

る目標」などを追加

◦基本指針や障害福祉計画について、定期的な検証と見直しを法定化

◦市町村が障害福祉計画を作成するにあたって、ニーズ把握などを行なうことを努力義務化

◦自立支援協議会の名称について、地域の実情に応じて定められるよう弾力化するとともに、当事者や家族の参画を明確化

⑹附則による配慮規定、検討規定

障害者総合支援法の施行・運用にあたり、障害支援区分の認定が知的障害者および精神障害者の特性に応じて適切に行なわれるよう、その制定にあたっては適切な配慮その他の必要な措置を講ずるものとされました。

また、障害者施策を段階的に講ずるため、障害者総合支援法の施行後３年を目途として下記の項目に検討を加えるとともに、検討にあたっては、障害者等およびその家族その他の関係者の意見を反映させるために必要な措置を講ずるものとするなどこちらも含みをもたせました。

①常時介護を要する障害者等に対する支援、障害者等の移動の支援、障害者の就労の支援その他の障害福祉サービスのあり方

②障害支援区分の認定を含めた支給決定のあり方

③障害者の意思決定支援のあり方

④障害福祉サービスの利用の観点からの成年後見制度の利用促進のあり方

⑤手話通訳などを行なう者の派遣その他の聴覚、言語機能、音声機能その他の障害のため意思疎通を図ることに支障がある障害者等に対する支援のあり方

⑥精神障害者および高齢の障害者に対する支援のあり方

⑺関係法令の整備

障害者総合支援法の施行に合わせ、関係法令が整備されました。

①障害者および障害児に対する意思決定支援

（障害者総合支援法、児童福祉法、知的障害者福祉法）

◦指定障害福祉サービス事業者、指定障害者支援施設等の設置者などは、障害者の意思決定の支援に配慮するとともに、常にその立場に立って支援を行なうよう努めなければならないものとする

◦指定障害児通所支援事業者、指定障害児入所施設等の設置者などは、障害児およびその保護者の意思をできる限り尊重するとともに、常にその立場に立って支援を行なうよう努めなければならないものとする

◦市町村は、知的障害者の意思決定の支援に配慮しつつ、知的障害者の支援体制の整備に努めなければならないものとする

②相談支援の連携体制の整備

（障害者総合支援法、身体障害者福祉法、知的障害者福祉法）

◦基幹相談支援センターの設置者は、指定障害福祉サービス事業者等、医療機関、民生委員、身体障害者・知的障害者相談員、意思疎通支援を行なう者を養成し、または派遣する事業の関係者などとの連携に努めなければならないものとする

◦身体障害者・知的障害者相談員は、身体障害者・知的障害者が障害福祉サービス事業等のサービスを円滑に利用できるように配慮し、障害福祉サービス事業者等との連携を保って業務を行なうよう努めなければならないものとする

③後見などにかかる体制の整備（知的障害者福祉法）

◦市町村・都道府県は、後見、保佐および補助の業務を適正に行なうことができる人材の活用を図るため、後見などの業務を適正に行なうことができる者を家庭裁判所に推薦することなどに努めなければならないものとする

④指定障害福祉サービス事業者等の欠格要件

（障害者総合支援法、児童福祉法）

◦介護人材が安心して事業所で支援に従事できるよう、最低賃金法などの労働法規に違反して罰金刑を受けた事業者は、指定障害福祉サービス事業者、指定障害者支援施設、指定障害児通所支援事業者および指定障害児入所施設等の指定を受けられないこととする

03 2024年4月施行の改正「障害者総合支援法」

障害者等の希望する生活を実現するための体制整備

▶改正で何が変わるのか

2024年４月１日から施行された改正障害者総合支援法では、障害者等の地域生活や就労の支援の強化等により障害者等の希望する生活を実現するため、障害者雇用促進法、精神保健福祉法、難病法、児童福祉法とともに以下の５つの大きなポイントに基づいた改正が行なわれました。

①障害者等の地域生活の支援体制の充実

②障害者の多様な就労ニーズに対する支援および障害者雇用の質の向上の推進

③精神障害者の希望やニーズに応じた支援体制の整備

④難病患者および小児慢性特定疾病児童等に対する適切な医療の充実および療養生活支援の強化

⑤障害福祉サービス等、指定難病および小児慢性特定疾病についてのデータベースに関する規定の整備

具体的には、地域での一人暮らしへ向けたグループホームの機能強化、就労選択支援の創設や就労機会措置の拡大、精神障害者へ向けた入院者訪問支援事業の創設、障害データベース、難病データベースおよび小児慢性特定疾病データベースの利活用のための規定整備を進めるとともに、市町村障害福祉計画に整合した障害福祉サービス事業者の指定を行なうため、都道府県知事が行なう事業者指定の際に市町村長が意見を申し出るしくみを創設することとなりました。

❖ 2024年度の法改正ポイント

改正法の「5つの柱」		
①	障害者等の地域生活の支援体制の充実	・共同生活援助（グループホーム）の支援内容に一人暮らし等を希望する人に対する支援や退居後の相談等を明確化 ・障害者が安心して地域生活を送れるよう地域の相談支援の中核的役割を担う基幹相談支援センターおよび緊急時の対応や施設等からの地域移行の推進を担う地域生活支援拠点等の整備（市町村の努力義務） ・都道府県および市町村が実施する精神保健に関する相談支援について精神障害者のほか精神保健に課題を抱える人も対象とするとともに心身の状態に応じた適切な支援の確保を明確化
②	障害者の多様な就労ニーズに対する支援および障害者雇用の質の向上の推進	・就労アセスメントの手法を活用した「就労選択支援」を創設するとともに、ハローワークが就労選択支援を受けた人に対して、そのアセスメント結果を参考に職業指導等を実施 ・就労機会の拡大のため、雇用義務の対象外である週所定労働時間10時間以上20時間未満の重度身体障害者、重度知的障害者および精神障害者も実雇用率において算定 ・企業が実施する職場定着等の取り組みに対する助成措置を強化できるよう障害者の雇用者数で評価する障害者雇用調整金等における支給方法を見直し
③	精神障害者の希望やニーズに応じた支援体制の整備	・適切に医療を提供できるよう市町村長の同意により医療保護入院を行なうことを可能としつつ、一定期間ごとに入院の要件確認を実施 ・市町村長同意による医療保護入院者を中心に、本人の希望のもと入院者の体験や気持ちを丁寧に聴くとともに必要な情報提供を行なう「入院者訪問支援事業」を創設するとともに、医療保護入院者等に対して行なう告知内容に入院措置を採る理由を追加 ・虐待防止のための取り組みを推進するため、精神科病院において従事者等への研修、普及啓発等を実施するとともに、従事者による虐待を発見した場合に都道府県等に通報するしくみの整備
④	難病患者および小児慢性特定疾病児童等に対する適切な医療の充実および療養生活支援の強化	・難病患者および小児慢性特定疾病児童等に対する医療費助成について、助成開始の時期を申請日から重症化したと診断された日とする ・各種療養生活支援の円滑な利用およびデータ登録の促進を図るため「登録者証」の発行を行なうほか、難病相談支援センターと福祉・就労に関する支援を行なう人の連携推進など難病患者の療養生活支援や小児慢性特定疾病児童等自立支援事業を強化
⑤	障害福祉サービス等、指定難病および小児慢性特定疾病についてのデータベース（ＤＢ）に関する規定の整備	・障害ＤＢ、難病ＤＢおよび小慢ＤＢを障害福祉サービス等や難病患者等の療養生活の質の向上に資するため、第三者提供のしくみ等の規定を整備

❖障害者等が安心して暮らし続けられる地域共生社会

○障害者や難病患者等が地域や職場で生きがい・役割を持ち、医療、福祉、雇用等の各分野の支援を受けながら、その人らしく安心して暮らすことができる体制の構築を目指す。このため、本人の希望に応じて、

- **施設や病院からの地域移行、その人らしい居宅生活に向けた支援の充実**（障害者総合支援法関係、精神保健福祉法関係、難病法・児童福祉法関係）総 精 難
- **福祉や雇用が連携した支援、障害者雇用の質の向上**（障害者総合支援法関係、障害者雇用促進法関係）総 雇
- **調査・研究の強化やサービス等の質の確保・向上のためのデータベースの整備**（難病法・児童福祉法関係、障害者総合支援法関係）難 総

等を推進する。

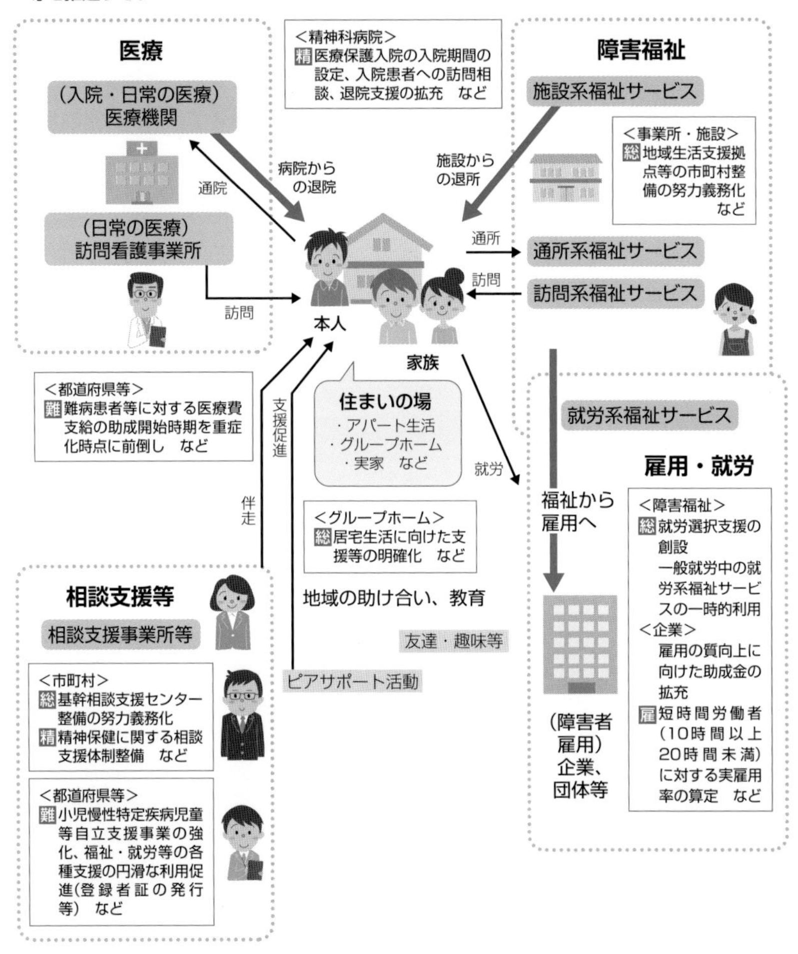

改正障害者総合支援法の基本的な考え方

(1)グループホーム利用者が希望する地域生活の継続・実現の推進

障害者の住まいとして共同生活のなか相談、入浴、排せつ、食事等の日常生活上の支援が行なわれているグループホームの利用者は増加しているものの、グループホームでの生活の継続を希望する利用者だけではなく、生活上の支援があれば一人暮らしをしたいとの希望をしている利用者もあり、グループホームの支援内容として一人暮らし等を希望する利用者に対する支援や退居後の一人暮らし等の定着のための相談等の支援が含まれることを障害者総合支援法において明確化しました。

なお、この相談等支援は退居を希望せずグループホームにおける継続的な支援を希望する利用者についてはこれまでどおりグループホームを利用することができます。

❖グループホーム入居者が一人暮らしを希望する場合

改正前の支援内容

☆主として夜間において、共同生活を営むべき住居における相談、入浴、排せつ又は食事の介護その他日常生活上の援助を実施
☆利用者の就労先又は日中活動サービス等との連絡調整や余暇活動等の社会生活上の援助を実施

＋

一人暮らし等を希望する場合

居宅における自立した日常生活への移行を希望する入居者に対し、居宅生活への移行や移行後の定着に関する相談等の支援を実施。

支援(例)

グループホーム入居中
一人暮らし等に向けた調理や掃除等の家事支援、買い物等の同行、金銭や服薬の管理支援、住宅確保支援

グループホーム退居後
当該グループホームの事業者が相談等の支援を一定期間継続

(2)地域の障害者・精神保健に関する課題を抱える人の支援体制の整備

基幹相談支援センターは、相談支援に関する業務を総合的に行なうことを目的とする施設として2012年から創設されたものの設置市町村は半数程度に留まっています。さらに、障害者の重度化・高齢化、「親亡き後」を見据えて緊急時の対応や施設等からの地域移行の推進を担う地域生活支援拠点等の整備を2015年から推進してきましたが、基幹相談支援センター同様に設置市町村は半数程度に留まっています。このため基幹相談支援センターについては地域の相談支援の中核的機関としての役割・機能の強化を図るとともに、地域生活支援拠点等についても障害者総合支援法に位置づけ、それぞれ設置、整備に関する市町村の努力義務を設けて設置、整備促進を図ります。

また、市町村では、精神保健に関する課題が、子育て、介護、困窮者支援等、分野を超えて顕在化している状況にあり、とくに精神保健に関する課題は、複雑多様化しており、自殺、ひきこもり、虐待等対応に困難を抱えている事例も顕著です。このため地域の協議会で障害者の個々の事例について情報共有できることを障害者総合支援法上明記しつつ協議会の参加者に対する守秘義務および関係機関による協議会への情報提供に関する努力義務を設けています。

このほか、市町村等が実施する精神保健に関する相談支援について精神障害者のほか厚生労働省令で定める精神保健に課題を抱える人についても対象にできるようにするとともに、その人の心身の状態に応じた適切な支援の包括的な確保を目的とすることを明確化しました。また、精神保健福祉士の業務として、精神保健に課題を抱える人等に対する精神保健に関する相談援助を追加しています。

❖本人・家族等の支援に向けた体制整備

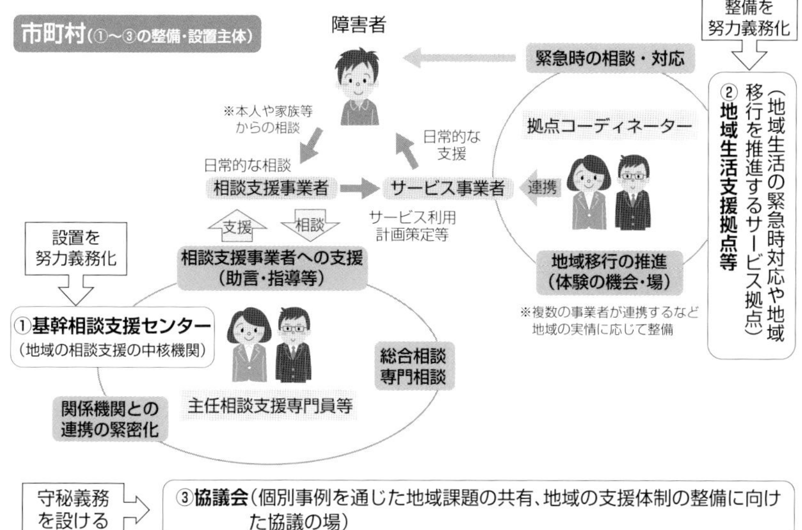

⑶就労アセスメントの手法を活用した支援の制度化等

これまで、障害者の就労環境の整備については、障害者雇用施策と障害福祉施策に基づき就労支援を進め、就労継続支援など就労系障害福祉サービスの利用を開始する際に障害者の就労能力や適性等について把握するよう努めていたものの、それらを踏まえた働き方や就労先の選択には結びついていない面や、必ずしも質が担保されていない面が散見されていました。実際には、就労を希望する障害者のニーズや社会経済状況が多様化していくなか、障害者が働きやすい社会を実現するため、一人ひとりの障害者本人の希望や能力に沿ったよりきめ細かい支援を提供することが求められるようになってきています。

このきめ細かい支援を提供できるよう障害者本人が就労先・働き方についてより良い選択ができるよう就労系サービスの利用意向がある障害者との協同による、就労ニーズの把握や能力・適性の評価および就労開始後の配慮事項等の整理（就労アセスメント）の手法を活用して、本人の希望、就労能力や適性等に合った選択を支援する就労選択支援を創設します。また一貫した職業指導等が行なえるよう障害者雇用促進法をともに改正し、ハローワークは就労選択支援の利用者に対して、アセスメントの結果を参考に職業指導等を実施します。

❖就労選択支援のしくみ

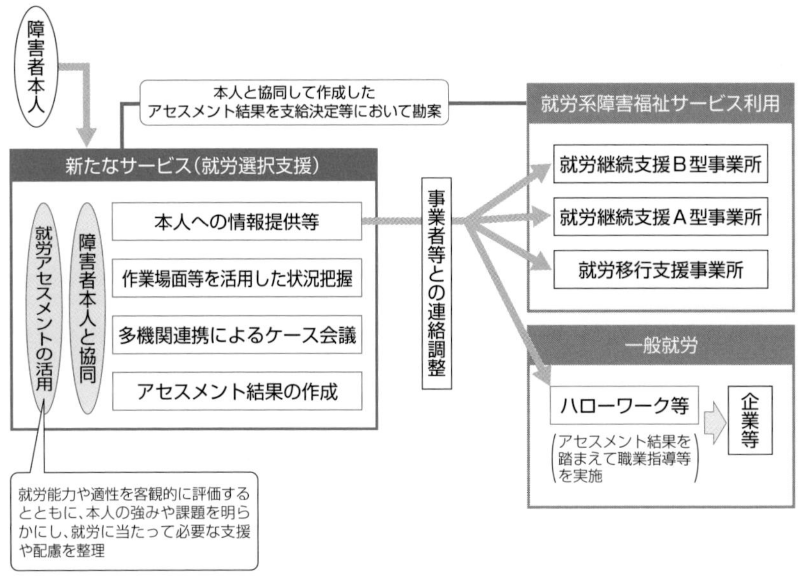

このほか、就労中の障害者についても企業等での働き始めに勤務時間を段階的に増やしていく場合や、休職から復職を目指す場合に、その障害者が一般就労中であっても、就労系障害福祉サービスを一時的に利用できるようになるとともに一般就労への移行・定着支援をより一層推進するため、市町村や障害福祉サービス事業者等の連携先として、障害者就業・生活支援センターを規定することとなりました。

⑷短時間労働者（週所定労働時間10時間以上20時間未満）に対する実雇用率算定等

障害者雇用促進法では障害者の職業的自立を促進するという法の趣旨から企業に雇用義務が課せられているのは、週所定労働時間が20時間以上の労働者となっています。しかし、障害特性により長時間の勤務が難しいなど週所定労働時間20時間未満での雇用を希望する人は障害に関わらずおり、短時間であれば働くことができる人の雇用機会の拡大を図ることが必要とされていました。これにともない週所定労働時間が10時間以上20時間未満の精神障害者、重度身体障害者および重度知的障害者について企業が雇用した場合に、雇用率において算定できるようになります。ただし、短時間労働者を雇用する企業が雇用障害者に応じて支給される特例給付金は廃止されます。

⑸障害者雇用調整金等の見直しと助成措置の強化

国において事業主の共同拠出による納付金制度を整備し障害者を雇用する企業に対する助成を行なうなか企業の障害者雇用の取り組みにより実雇用率が上昇した結果、この助成では雇用する障害者の数で評価する調整金や報奨金が支出のほとんどを占め、適当な雇用の場の提供や適正な雇用管理など質の向上のための支援を行なう助成金の支出が限られているため、事業主が一定数を超えて障害者を雇用する場合の当該超過人数分の調整金や報奨金の支給額の調整、雇入れや雇用継続を図るために必要な一連の雇用管理に関する相談援助の支援、加齢に伴い職場への適応が困難となった障害者への雇用継続の支援など企業の取組支援のため助成金を新設しています。

⑹医療保護入院の見直し

精神障害者に対する医療の提供は、できる限り入院治療に頼らず本人の意思を尊重することが重要と考えられるところ、症状の悪化により判断能力そのものが低下するという特性を持つ精神疾患については本人の同意が得られない場合でも入院治療へのアクセスを確保することが必要であり、これまでも医療保護入院が制度化されていました。この医療保護入院において判断能力が低下した本人のほか家族等が同意・不同意の意思表示を行なわない場合でも、市町村長の同意により医療保護入院を行なうことを可能とするなど適切に医療を提供できるようにするほか、誰もが安心して信頼できる入院医療の実現に向けて入院者の権利を擁護するための取り組みを一層推進するため、医療保護入院の入院期間を定め、入院中の医療保護入院者について、一定期間ごとに入院の要件の確認を行なうこととしました。

❖改正後の医療保護入院

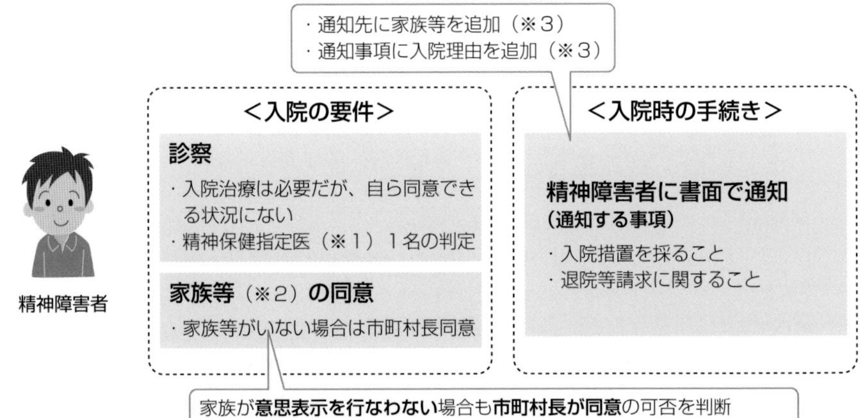

・通知先に家族等を追加（※３）
・通知事項に入院理由を追加（※３）

精神障害者

＜入院の要件＞

診察
・入院治療は必要だが、自ら同意できる状況にない
・精神保健指定医（※１）１名の判定

家族等（※２）**の同意**
・家族等がいない場合は市町村長同意

＜入院時の手続き＞

精神障害者に書面で通知
（通知する事項）
・入院措置を採ること
・退院等請求に関すること

家族が**意思表示を行なわない**場合も**市町村長が同意**の可否を判断
（例）20年以上親交のない遠方の家族等：本人の利益を勘案して同意・不同意をすることが困難

※1 指定医の指定申請ができる期間を、当該指定に必要な研修の修了後「1年以内」から「3年以内」に延長する。
※2 DV加害者等を「家族等」から除外する。
※3 措置入院の決定についても同様とする。
※4 措置入院中の障害者も対象とする。
※5 努力義務→義務化。
※6 厚生労働省令で定める予定。

⑺「入院者訪問支援事業」の創設

精神科病院において外部との面会交流を確保することは、患者の孤独感等を防ぐうえで重要と考えられるところ、医療保護入院のような非自発的な入院の場合、医療機関外の人との面会交流が途絶えることが容易に想像されます。このため市町村長同意による医療保護入院者等を対象に、外部との面会交流の機会を確保し、その権利擁護を図るため都道府県知事等が行なう研修を修了した入院者訪問支援員が、患者本人の希望により精神科病院を訪問し、本人の話を丁寧に聴くとともに必要な情報提供等を行なう「入院者訪問支援事業」を創設します。

なお、入院者訪問支援事業は都道府県等の任意事業となります。

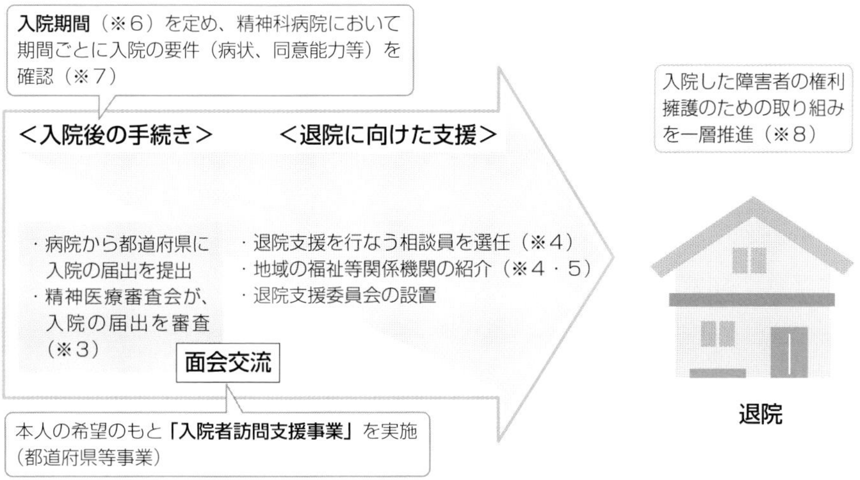

入院期間（※6）を定め、精神科病院において期間ごとに入院の要件（病状、同意能力等）を確認（※7）

＜入院後の手続き＞

・病院から都道府県に入院の届出を提出
・精神医療審査会が、入院の届出を審査（※3）

＜退院に向けた支援＞

・退院支援を行なう相談員を選任（※4）
・地域の福祉等関係機関の紹介（※4・5）
・退院支援委員会の設置

面会交流

本人の希望のもと**「入院者訪問支援事業」**を実施（都道府県等事業）

入院した障害者の権利擁護のための取り組みを一層推進（※8）

退院

※7 入院の要件を満たすことが確認された場合は、入院期間を更新。これに伴い、医療保護入院者に対する定期病状報告に代えて更新の届出を創設。なお、入院期間の更新について、精神科病院の管理者は、家族等に必要な事項を通知のうえ、一定期間経過後もなお不同意の意思表示を受けなかったときは、同意を得たものとみなすことができることとする。
※8 政府は、非自発的入院制度の在り方等に関し、精神疾患の特性等を勘案するとともに、障害者権利条約の実施について精神障害者等の意見を聴きつつ、必要な措置を講ずることについて検討するものとする検討規定を設ける（附則）。

❖入院者訪問支援事業

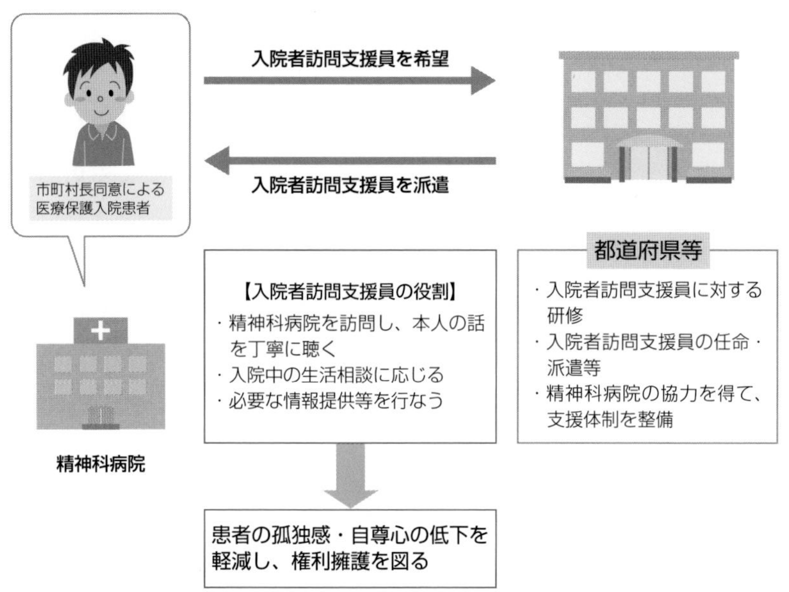

⑻精神科病院における虐待防止に向けた取り組みの一層の推進

精神科病院における虐待防止のための取り組みを、管理者のリーダーシップのもと組織全体で推進するため職員等への研修、マニュアルの作成等、精神科病院の虐待防止に向けた取組事例を都道府県等を通じて周知し、虐待防止、早期発見、再発防止に向けた組織風土の醸成への取り組みのほか、虐待が強く疑われる場合は、事前の予告期間なしに実地指導を実施できるとするなど都道府県等の指導監督の強化を図っているものの、より組織全体で一層推進するため、あらためて以下の内容を規定しました。

①精神科病院の患者に対する虐待への対応について、従事者への研修や患者への相談体制の整備等の虐待防止等のための措置の実施を、精神科病院の管理者に義務づけること

②精神科病院の業務従事者による虐待を受けたと思われる患者を発見した人に、速やかに都道府県等に通報することを義務づけること、あわせて精神科病院の業務従事者は、都道府県等に伝えたことを理由として、解雇等の不利益な取扱いを受けないことを明確化すること
③都道府県等は、毎年度、精神科病院の業務従事者による虐待状況等を公表すること
④国は、精神科病院の業務従事者による虐待に係る調査および研究を行なうこと

なお、障害者福祉施設等では、障害者虐待についての市町村への通報のしくみが障害者虐待防止法に規定されています。

⑼症状が重症化した場合に円滑に医療費支給を受けられるしくみの整備

改正前の難病・小児慢性特定疾病児童等に対する医療費助成の開始時期は、申請日となっており、医療費助成の申請にあたって、作成に時間がかかる診断書が必要となるため申請までに期間が空く傾向がありました。このため医療費助成の開始時期を、

❖医療費助成の見直し

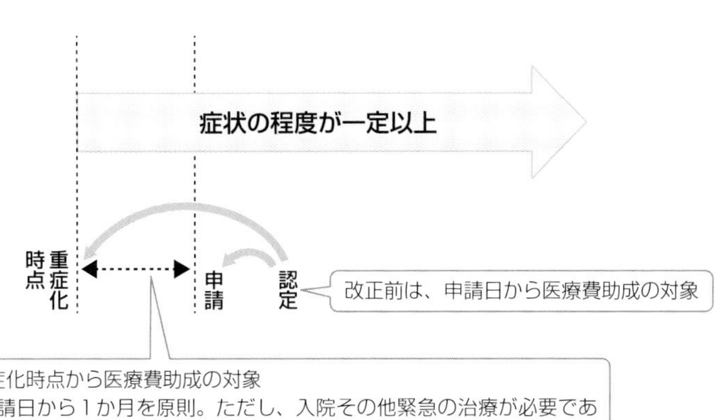

「重症度分類を満たしていることを診断した日」（重症化時点）とすることとなりました。ただし、申請日からの遡りの期間は原則１か月とし、入院その他緊急の治療が必要であった場合等は最長３か月としています。

なお、軽症高額対象者については、軽症高額の基準を満たした日の翌日以降にかかった医療費を対象とします。

⑽難病患者等の療養生活支援の強化①

指定難病患者は、障害者総合支援法の障害福祉サービス等を利用できるものの必ずしも情報が行き届いておらず、指定難病患者が福祉、就労等の各種支援を円滑に利用できるようにするため、都道府県等が患者のデータ登録時に指定難病に罹患していることなどを確認し、「登録者証」を発行する事業を創設し、活用することとなりました。

なお、データ登録時に障害福祉サービスの申請窓口である市町村等において、マイナンバー連携による照会を原則とすることとなっています。

❖登録者証の活用イメージ

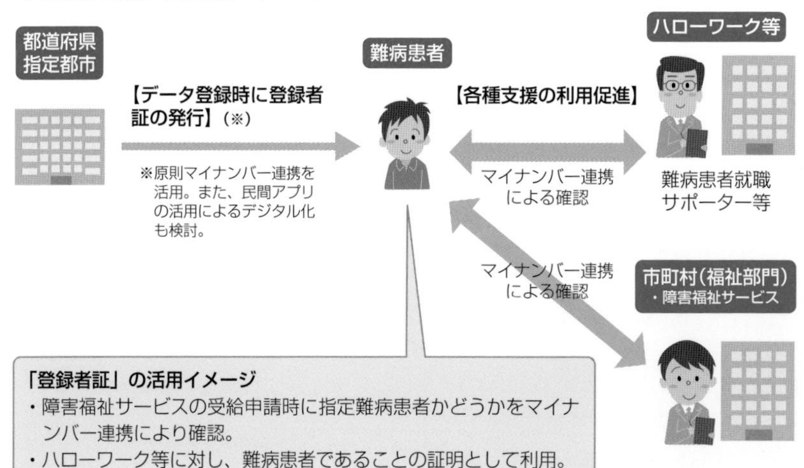

⑾難病患者等の療養生活支援の強化②

難病・小児慢性特定疾病患者のニーズは多岐にわたることから、こうしたニーズに適切に対応するためには、福祉や就労支援など地域における関係者の一層の関係強化を図っていくことが重要と考えられます。小児慢性特定疾病児童等の成人期に向けた支援を一層促進するとともに、成人後の各種支援との連携強化に取り組むため難病相談支援センターの連携すべき主体として福祉関係者や就労支援関係者を障害者総合支援法に明記するために小児慢性特定疾病児童等の地域協議会を法定化したうえで難病と小児慢性特定疾病児童等の地域協議会間の連携努力義務を新設しています。

⑿小児慢性特定疾病児童等に対する自立支援の強化

都道府県等が行なう小児慢性特定疾病児童等自立支援事業について任意事業の実施率が低いことが課題となっているため、地域の小児慢性特定疾病児童等やその保護者の実態を把握し、課題の分析等を行ない、任意事業の実施および利用を促進する「実態把握事業」および任意事業を努力義務としました。

❖見直し後の小慢児童等の自立支援

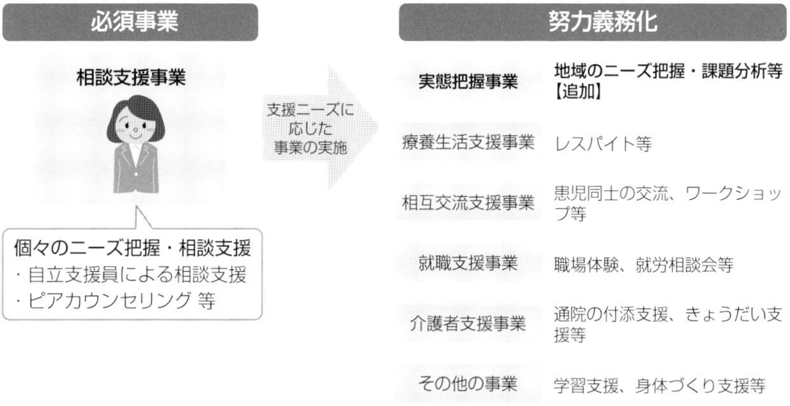

必須事業

相談支援事業

個々のニーズ把握・相談支援
・自立支援員による相談支援
・ピアカウンセリング 等

支援ニーズに応じた事業の実施 →

努力義務化

実態把握事業	地域のニーズ把握・課題分析等【追加】
療養生活支援事業	レスパイト等
相互交流支援事業	患児同士の交流、ワークショップ等
就職支援事業	職場体験、就労相談会等
介護者支援事業	通院の付添支援、きょうだい支援等
その他の事業	学習支援、身体づくり支援等

⒀調査・研究の強化（障害者・障害児・難病・小慢ＤＢの充実）

医療分野においては2008年度にレセプト情報・特定健診等情報データベース（ＮＤＢ）、介護分野においては2018年度に介護ＤＢオープンデータなどデータベースの作成が進んでおり、障害福祉・難病対策の分野においても、データベースの法的根拠の整備の必要性が求められているものの、他の公的データベースとの連結解析を可能とするためのルール等が整備されていないこと、難病データベースについては医療費助成の申請時に提出する指定医の診断書情報を登録しているため医療費助成に至らない軽症者等のデータ収集が進んでいないことなど問題点が指摘されていました。

このため障害者・障害児・難病・小慢ＤＢの整備を障害者総合支援法に位置づけ、国による情報収集、都道府県等の国への情報提供義務を規定するとともに、安全管理措置、第三者提供ルール等の諸規定を新設しながら他の公的データベースとの連結解析も可能としました。また、難病ＤＢについて、登録対象者を拡大し、軽症の指定難病患者もデータ登録可能としました。

⒁地域のニーズを踏まえた障害福祉サービス事業者指定のしくみの導入

市町村が障害福祉計画等で地域のニーズを把握し、必要なサービスの提供体制の確保を行なうものの事業者の指定は都道府県が行なうため、これまでも地域のニーズ等に応じたサービス事業者の整備、連携に課題があるとの指摘がありました。このため都道府県の通所・訪問・障害児サービス等の事業者指定について、市町村はその障害福祉計画等との調整を図る見地から意見を申し出ることができること、都道府県はその意見を勘案して指定に際し必要な条件を付すことができ、条件に反した事業者に対して勧告および指定取消しができるものとされました。

❖地域のニーズを踏まえた事業者指定のしくみ

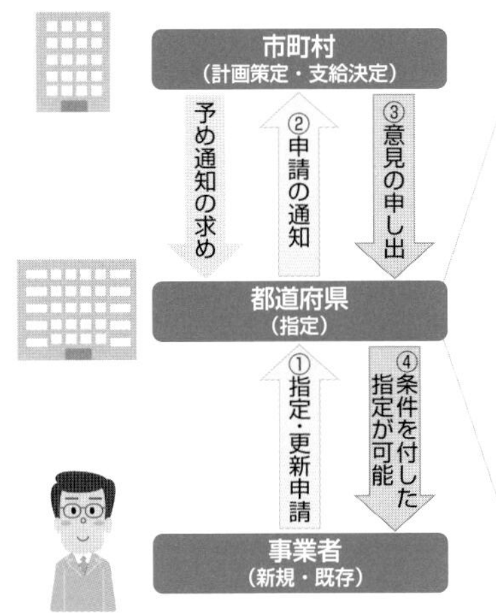

【想定される条件（例）】

1）市町村が計画に記載した障害福祉サービスのニーズを踏まえ、事業者のサービス提供地域や定員の変更（制限や追加）を求めること

2）市町村の計画に中重度の障害児者や、ある障害種別の受入体制が不足している旨の記載がある場合に、事業者職員の研修参加や人材確保等、その障害者の受入れに向けた準備を進めること

3）サービスが不足している近隣の市町村の障害児者に対してもサービスを提供すること

⒂居住地特例の見直し

障害者支援施設等に入所する障害者は、施設所在市町村の財政負担を軽減する観点から、施設入所前の居住地の市町村が支給決定を行なう「居住地特例」が制度化されていますが、介護保険制度と相互の利用が想定されていなかったため、介護保険施設等に入所する利用者が障害福祉サービスを利用する場合、施設所在市町村に財政的負担が集中するとの指摘がありました。このため居住地特例の対象に介護保険施設等を追加しました。

❖居住地特例の見直し

※特別養護老人ホーム、老人保健施設、有料老人ホーム等

利用サービス	実施主体の見直し
障害福祉（※）	B市 ➡ A市へ
介護保険	A市（住所地特例）

※入所者の利用例
・補 装 具：義肢、視覚障害者安全つえ
・同行援護：視覚障害者の外出支援

▶2024年度障害福祉サービス等の報酬改定

障害福祉サービスを提供した事業所には介護給付費等単位数表等による報酬が支払われることになります。この単位数表は３年ごとに社会情勢や事業所の運営環境により見直されます。2024（令和６）年度の障害福祉サービス等の報酬改定は、障害者自立支援法の施行から17年が経過した現在、障害福祉サービス等の利用者は約150万人、国の予算額は約２兆円規模となっており、施行時と比較すると、利用者、予算額もそれぞれ約３倍以上となっています。

また、2021年12月に「障害者総合支援法改正法施行後３年の見直しについて～ 中間整理 ～」がとりまとめられ、同報告書に基づき児童福祉法等の一部改正が行なわれ、さらに2022年６月に「障害者総合支援法改正法施行後３年の見直しについて～社会保障審議会 障害者部会報告書～」がとりまとめられています。これら報告書にもとづき、障害者総合支援法・精神保健福祉法等の一部改正が行なわれましたが、あわせて報告書は障害福祉サービス等報酬の改定により対応すべき事項を指摘していました。

またこの間、「障害児通所支援に関する検討会」や「地域で安心して暮らせる精神保健医療福祉体制の実現に向けた検討会」、「強度行動障害を有する者の地域支援体制に関する検討会」等の各種検討会における報告書等がとりまとめられ、これを踏まえた対応が求められていたほか、昨年５月には、2024（令和６）年度から2026（令和８）年度までの第７期障害福祉計画および第３期障害児支援計画を作成するための基本方針が示されました。

以上のような課題があがるなか、障害福祉分野における賃上げをはじめとする人材確保への対応は喫緊かつ重要な課題であり、物価高騰・賃金上昇、経営の状況、支え手が減少するなかでの人材確保の必要性等を踏まえ、利用者が必要なサービスを受けられるよう、必要な処遇改善の水準の検討を含め、必要な対応を行なうことが重要な課題であるとされました。

あわせて関係団体へのヒアリング、2023年障害福祉サービス等経営実態調査の結果を踏まえ介護保険と同水準の賃上げを実現するため2024（令和６）年度障害福祉サービス等報酬改定の改定率は処遇改善加算等の見直しを含めてプラス改定とし、障害者が希望する地域生活の実現に向けて、介護との収支差率の違いも勘案しつつ、新規参入が増加するなかでのサービスの質の確保・向上を図る観点から、経営実態を踏まえたサービスの質等に応じたメリハリのある報酬設定を行なうこととしています。

とくに既存の加算の一本化による2024年６月以降の新たな処遇改善加算の創設に当たっては、今回の報酬改定により新たに追加措置する処遇改善分を活用して障害福祉の現場で働く方々にとって2024年度中に2.5％、2025年度中に2.0％のベースアップへと確実につながるよう、その配分方法の工夫を行なうこととして、今回の改定が福祉・介護職員の処遇改善に与える効果について実態を把握することとされました。この実態把握を通じて2026年度の対応については2026（令和８）年度予算編成過程で検討することとなっています。

これら処遇改善の取り組みのほか障害者が希望する地域生活の実現、多様なニーズに応える専門性・体制の評価、支援時間・内容を勘案したきめ細かい評価、アウトカムに基づく評価等について取り組むため、各サービスの報酬・基準についての見直しを行ないました。

⑴障害者が希望する地域生活を実現する地域づくり

①障害者が希望する地域生活を実現・継続するための支援の充実

・障害者の入所施設や病院からの地域移行を進め、障害者がどの地域においても安心して地域生活を送れるよう、地域生活支援

❖拠点コーディネーターの配置によるコーディネート機能の体制整備の評価

【新設】地域生活支援拠点等機能強化加算

①市町村が整備する地域生活支援拠点等において、拠点コーディネーターを地域の中核的な相談支援事業所が単独で配置する場合

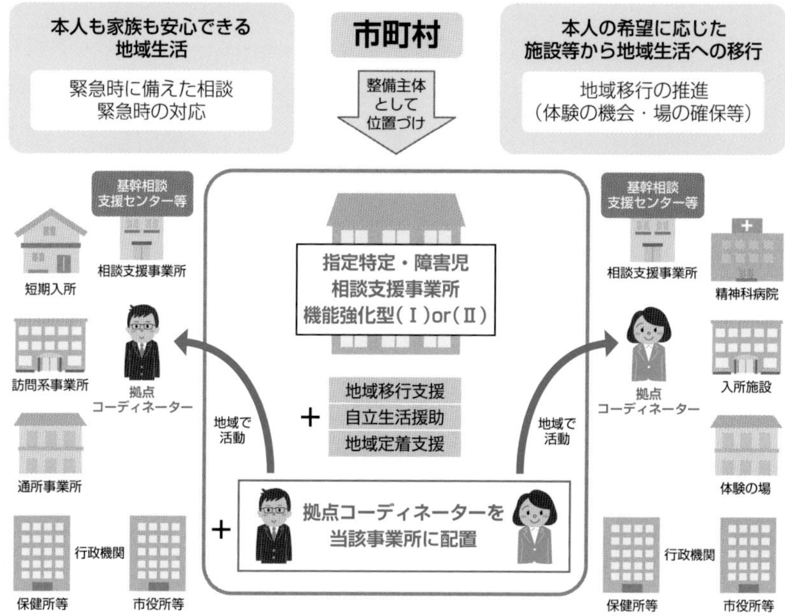

②市町村が整備する地域生活支援拠点等において、拠点コーディネーターを地域の中核的な相談支援事業所等で共同して配置する場合

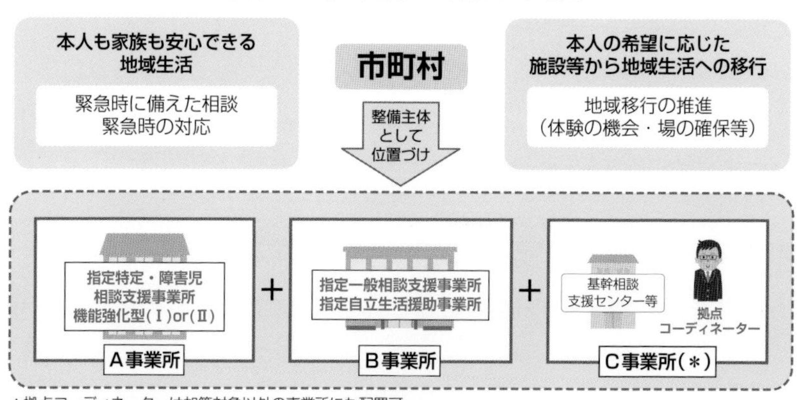

＊拠点コーディネーターは加算対象以外の事業所にも配置可。

❖障害者支援施設からの地域移行に向けた取り組みの全体像

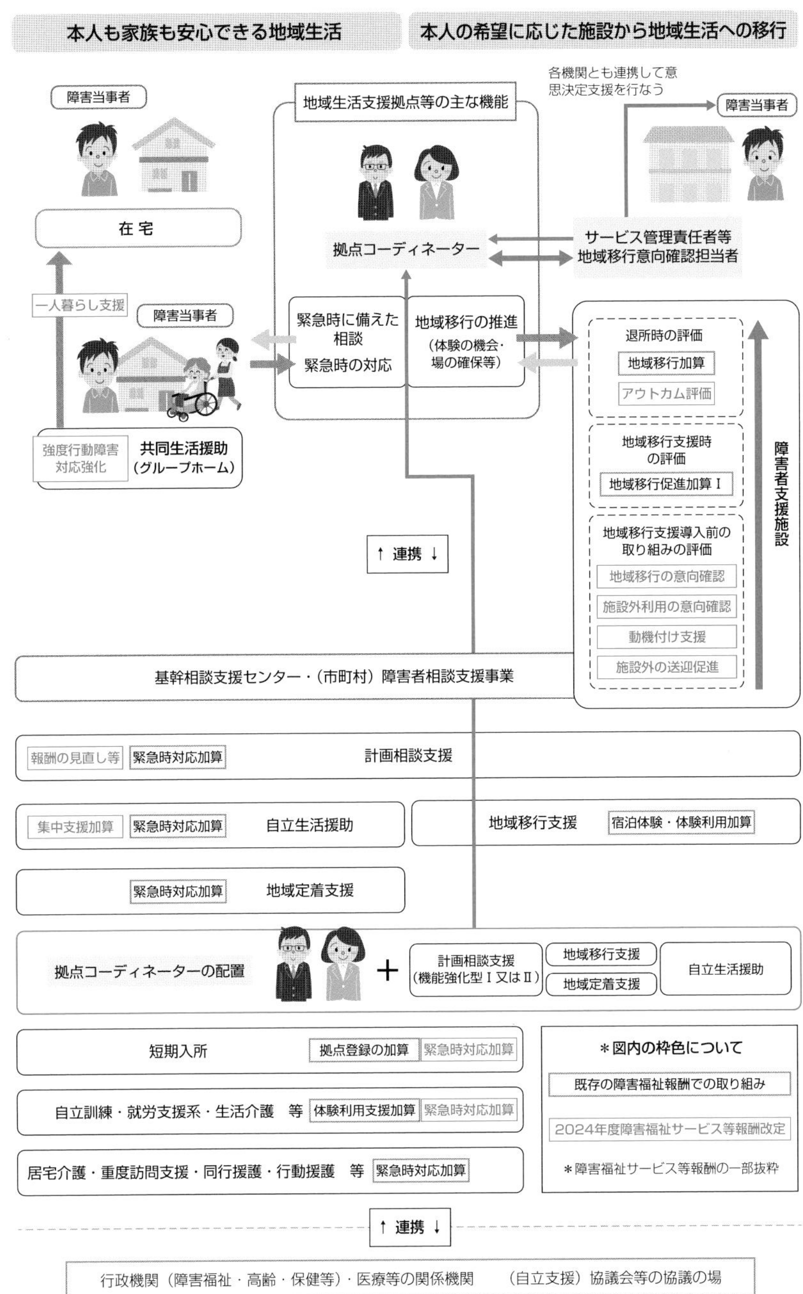

拠点等の整備の推進、グループホームにおける一人暮らし等の希望の実現、支援の実態に応じた適切な評価の実施、障害の重度化や障害者の高齢化などの地域ニーズへの対応等を行ないます。

・障害者が希望する生活を実現するために重要な役割を担う相談支援について質の向上や提供体制の整備を図るとともに、障害者本人の意思を尊重し、選択の機会を確保するため、意思決定支援を推進します。

・特別な支援を必要とする強度行動障害を有する障害者等への支援体制の充実を図ります。

②医療と福祉の連携の推進

・診療報酬、介護報酬と同時改定である機会をとらえ、医療機関

❖障害者の意思決定支援のプロセス

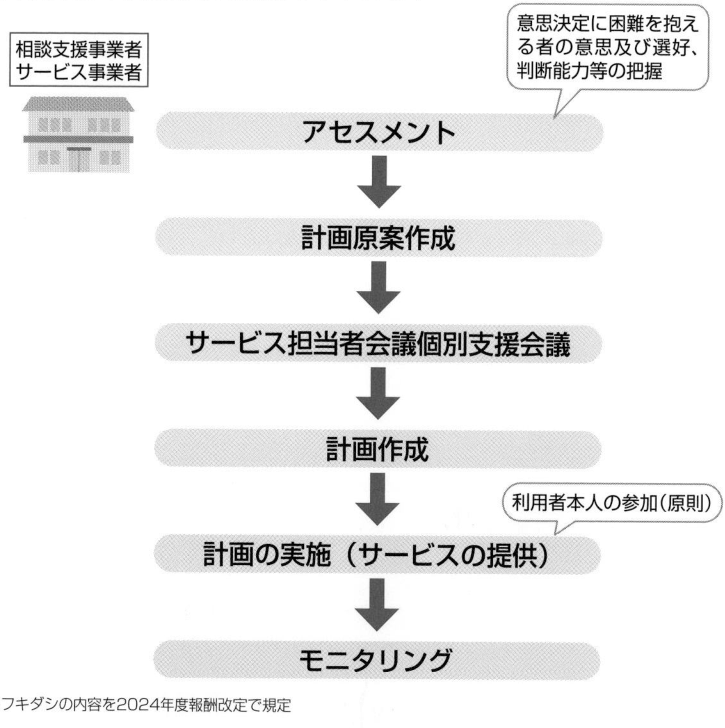

相談支援事業者
サービス事業者

意思決定に困難を抱える者の意思及び選好、判断能力等の把握

アセスメント
↓
計画原案作成
↓
サービス担当者会議個別支援会議
↓
計画作成
↓
利用者本人の参加（原則）

計画の実施（サービスの提供）
↓
モニタリング

※フキダシの内容を2024年度報酬改定で規定

と相談支援の連携について、多様なニーズに対応しつつ、さらなる促進を図ります。

・医療的ケア児の成人期への移行にも対応した医療的ケアの体制の充実や重度障害者が入院した際の特別なコミュニケーション支援の充実を図ります。

③精神障害者の地域生活の包括的な支援

・精神保健福祉法改正に伴い、精神障害者等が地域社会の一員として安心して自分らしい暮らしをすることができるよう、医療、障害福祉・介護、住まい、就労等の社会参加、地域の助け合い、教育・普及啓発が包括的に確保された「精神障害にも対応した地域包括ケアシステム」の構築を一層推進する観点から、入院から退院後の地域生活まで医療と福祉等による切れ目のない支援を行なえるよう、医療と障害福祉サービス等との連携を一層進めるためのしくみに対する評価を行ないます。

⑵社会の変化等に伴う障害児・障害者のニーズへのきめ細かな対応

①障害児に対する専門的で質の高い支援体制の構築

・児童発達支援センターを中核に、身近な地域でニーズに応じた必要な発達支援が受けられる体制整備を進めるとともに、地域の障害児支援体制の充実を図ります。

・適切なアセスメントとこどもの特性を踏まえた総合的な支援・専門的な支援や関係機関との連携強化等を進め、個々の特性や状況に応じた質の高い発達支援の提供を推進します。

・医療的ケア児や重症心身障害児、強度行動障害を有する児をはじめ、より専門的な支援が必要な障害児への支援の充実を図り、障害特性に関わらず地域で安心して暮らし育つことができる環境整備を進めます。

・養育支援や預かりニーズへの対応など、保護者・きょうだいへの家族支援を推進し、家族全体のウェルビーイングの向上を図ります。

・保育所等への支援を行ないながら併行通園や保育所等への移行を推進するなど、インクルージョンの取り組みを推進し、障害の有無に関わらず全てのこどもが共に育つ環境整備を進めます。

・障害児入所支援について、家庭的な養育環境の確保と専門的支援の充実、成人期に向けた移行支援の強化を図り、施設での障害児の育ちと暮らしを支えます。

②障害者の多様なニーズに応じた就労の促進

・障害者の一般就労への移行や就労支援施策は着実に進展しているなかで、さらに障害者の就労を支援するため、事業の安定的、効率的な実施、生産活動収支や工賃の改善を図ります。

・本人の就労ニーズや能力・適性とともに、就労に必要な支援や配慮を整理し、個々の状況に応じた適切な就労につなげる新しい障害福祉サービスである就労選択支援の円滑な実施に向けて対象者等の要件について整備します。

③持続可能で質の高い障害福祉サービス等の実現のための報酬等の見直し

・サービス提供事業者や自治体の事務・手続き等の負担軽減の観点から、事務簡素化等に取り組みます。

・障害者虐待の防止・権利擁護のため、身体拘束適正化の徹底や同性介助の推進を図ります。

・障害福祉サービス等の持続可能性の確保の観点から、長期化した経過措置への対応の検討なども含め、メリハリのきいた報酬体系とするとともに、サービスの内容・質に応じた評価や、透明性の向上を図ります。

④物価高騰を踏まえた施設における補足給付の基準費用額の見直し

・入所施設の食費・光熱水費の実費負担については、低所得者に対して、食費・光熱水費の実費負担をしても、少なくとも手許に２万5,000円が残るよう、食費等基準費用額から所得に応じた負担限度額を控除した額を補足給付として支給する、とされていますが、この食費等基準費用額が物価高騰にあわせ見直されます。

❖補足給付の基準費用額の見直し

改定前制度（20歳以上の障害者の場合）

○　入所施設の食費・光熱水費の実費負担については、低所得者に対して、食費・光熱水費の実費負担をしても、少なくとも手許に25,000円が残るよう、食費等基準費用額（54,000円）※1から所得に応じた負担限度額を控除した額を補足給付として支給する。

※1　食事・光熱水費にかかる平均費用

	補足給付の額
控除後認定収入額（※2）が66,667円を超える場合	（月額）54,000円－負担限度額（月額） 負担限度額（月額）＝（66,667円－その他生活費の額）＋（控除後認定収入額－66,667円）×50％
控除後認定収入額が66,667円以下の場合	（月額）54,000円－負担限度額（月額） 負担限度額（月額）＝控除後認定収入額－その他生活費の額
生活保護受給者	（月額）54,000円

※2　１か月における、収入から税、社会保険料、就労収入を控除した額

○補足給付がない場合※3

○改定前の補足給付※3

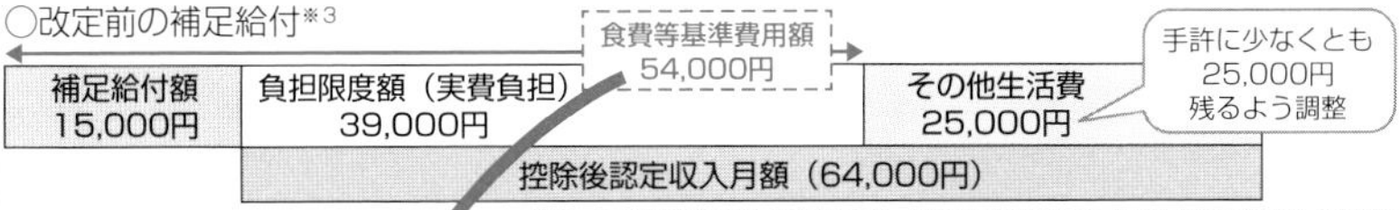

※3　入所施設対象者（60歳未満、控除後認定収入額（月額64,000円）の場合）

基準費用額の見直し

○　基準費用額について、2023年障害福祉サービス等経営実態調査結果等を踏まえ「55,500円」とする。

(3)2024年度障害福祉サービス等報酬改定の施行時期

2024（令和６）年度障害福祉サービス等報酬改定については、2024年４月１日施行、就労選択支援に関する改定事項については、2025年10月１日施行となります。

COLUMN

障害者権利条約の批准

国連では、障害者の人権を促進し保護するため、障害者の権利に関する宣言および国際障害者年行動計画を採択するなどの取り組みを行なってきましたが、依然として障害者が人権侵害に直面している状況を改善すべく、法的拘束力を有する新たな文書を作成する必要性が強く認識されたことから、2006年12月13日の国連総会で、「障害者の権利に関する条約」が採択されました。その後、本条約は世界20か国以上の批准をもって、2008年5月3日に発効されました。

本条約は、第1条で「すべての障害者によるあらゆる人権および基本的自由の完全かつ平等な享有を促進し、保護し、および確保することならびに障害者の固有の尊厳の尊重を促進することを目的とする」と述べ、障害者への差別の禁止や、障害がある人たちが人間として平等な生活を送ることを、その目的としています。

また、第3条で、次のように本条約の原則を規定しています。

①固有の尊厳、個人の自律（自ら選択する自由を含む）および個人の自立を尊重すること
②無差別
③社会への完全かつ効果的な参加および包容（社会に受け入れられること）
④差異の尊重ならびに人間の多様性の一部および人類の一員としての障害者の受入れ
⑤機会の均等
⑥施設およびサービス等の利用の容易さ
⑦男女の平等
⑧障害のある児童の発達しつつある能力の尊重および障害のある児童がその同一性を保持する権利の尊重

わが国においても、障害者権利条約の批准を目指して、障害者権利条約の原則を遵守する法制度の整備を進めるため、障害者施策の基本理念を定めた障害者基本法を2011年7月に改正、同年8月より施行し、2013年6月には障害者差別解消法が成立（2016年4月施行）、障害者権利条約の批准へ向けて動き始めました。

そして、国会の承認を経て2014年1月20日「障害者権利条約」を締結し、2月19日に障害者権利条約は日本でも効力を発生しました。2023年4月1日時点で186か国・地域・機関が締結済みです。

この批准により、障害者の身体の自由や表現の自由等の権利、教育や労働等の権利の実現に向けた取り組みが促進され、この条約の実施を監視する枠組みや国連への報告義務などによって、国内での取り組みや人権尊重についての国際協力が後押し、推進されることとなりました。

第2章

知っておきたい障害福祉施策の歩み

障害者総合支援法の前身である障害者自立支援法では、障害の種別にかかわらずサービス利用のしくみが一元化され、支給決定のしくみの透明化などが図られました。

さらに、その後の改正により、サービスの利用料と所得に応じた応能負担へ見直しが行なわれました。

この章では、改正の礎となった障害者自立支援法と現行法までの変遷について説明します。

障害者の福祉はどのような歩みをたどってきたのか

法律の整備は戦後すぐに始まった

時代を映す身体障害者福祉法の成立

障害者への政策として位置づけられる法制度は、戦後すぐの時期にその萌芽があります。1946年に成立した旧生活保護法の中に救護施設が規定されたことに始まり、続いて1949年に傷痍（しょうい）軍人を念頭に置いた身体障害者福祉法が成立したことが、その兆しです。これは、まさしく戦争の傷跡が残る時代を映していたといえるでしょう。

その後の法制度は、1947年に児童福祉法の中に障害児が規定されたこと、それに遅れること1960年に知的障害者を対象とした精神薄弱者福祉法（現・知的障害者福祉法）の成立や、精神衛生法が改正される過程で福祉が織り込まれていったことなど、対象者別の法体系を重ねていきました。

障害者基本計画の制定

このような動きから、障害者における一元的かつ総合的な政策推進を必要とする気運が高まりました。それを受けて、1970年に心身障害者対策基本法（現・障害者基本法）が成立し、その後、1993年に改正された障害者基本法により「**障害者基本計画**」が定められるようになりました。当時の障害者基本法第１条では、次のようにその目的を述べています。

> 「この法律は、障害者の自立及び社会参加の支援等のための施策に関し、基本的理念を定め、及び国、地方公共団体等の責務を明らかにするとともに、障害者の自立及び社会参加の支援等

のための施策の基本となる事項を定めること等により、障害者の自立及び社会参加の支援等のための施策を総合的かつ計画的に推進し、もつて障害者の福祉を促進することを目的とする」

ここにあるように、2005年成立の障害者自立支援法が目指した基本政策はまさしく「障害者の自立及び社会参加の支援等」にあったといってよいでしょう。これに対して、2011年に改正された障害者基本法第１条では、次のようにその目的を述べています。

「この法律は、全ての国民が、障害の有無にかかわらず、等しく基本的人権を享有するかけがえのない個人として尊重されるものであるとの理念にのつとり、全ての国民が、障害の有無によつて分け隔てられることなく、相互に人格と個性を尊重し合いながら共生する社会を実現するため、障害者の自立及び社会参加の支援等のための施策に関し、基本原則を定め、及び国、地方公共団体等の責務を明らかにするとともに、障害者の自立及び社会参加の支援等のための施策の基本となる事項を定めること等により、障害者の自立及び社会参加の支援等のための施策を総合的かつ計画的に推進することを目的とする」

時代は、障害の有無にかかわらず、個人として尊重される「ノーマライゼーション」の理念を色濃く反映されたものとなっていきます。そして、これに続く障害者自立支援法の障害者総合支援法への改正では「自立」に代わり、「基本的人権を享有する個人としての尊厳」を明記するに至ったのです。

新たな法体系の整備

障害者基本法の施行後も、身体障害者福祉法、知的障害者福祉法、児童福祉法といった法体系は残り、2003年にスタートした支援費制度でも、この障害者別の法体系に基づいたサービスの提供が続けられました。このため、サービス提供においても年齢と障害種別を超えた抜本的な見直しが求められることとなります。

02 措置制度から支援費制度への転換

ノーマライゼーションの実現を目指す

▶契約に基づくサービスの導入

障害者福祉制度は、2003年にサービスの利用者にとっても大きな変革を迎えます。

高齢者の介護は、介護保険制度に基づいて事業者と利用者の契約によって運用されています。利用者は自分に合った、自分の選択によるサービスを利用できることが原則です。

同様に障害者のサービスについても、いわゆる**措置制度**から利用者が受けたいサービスを選択し、契約に基づいてサービスを利用する制度が段階的に導入されていくこととなります。

措置制度とは、障害者の福祉政策において、市町村などの行政が提供するサービスの内容を決め（行政処分）、そのサービスを事業者に委託するしくみです。

このため措置制度では、

- 利用者がサービスを選択することができない
- 利用者と事業者間に契約関係がないため、お互いの法律関係が不明確
- 事業者は市町村の委託によるサービスのため、委託内容に沿った画一的なサービスの提供となる
- 事業者による利用者の身体状況に応じたサービスを提供することができない

といった問題点が指摘されてきました。

そこで、2003年４月から、措置の対象とされていたサービスの一部で、利用者とサービス提供事業者の契約によりサービスの提

❖措置制度と支援費制度のちがい

●措置制度（戦後〜）

行政がサービスの必要性を判断し、提供する事業者とサービス内容を決めるしくみ

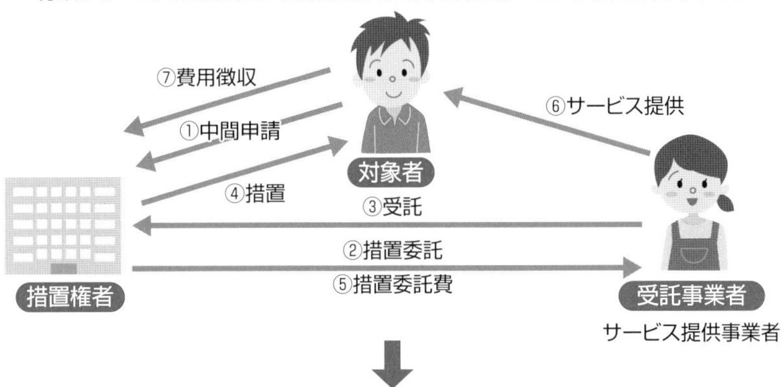

契約による利用制度（2000年6月〜）

身体障害者福祉法、知的障害者福祉法、児童福祉法等の改正により、
利用者がサービスを選んで利用できる制度へ変更

●支援費制度（2003年開始、2006年廃止）

利用者自身がサービスを選び、事業者と直接契約してサービスを利用するしくみ
（制度名は、サービスを利用してかかった費用に対し、「支援費」が支給されたことに由来する）

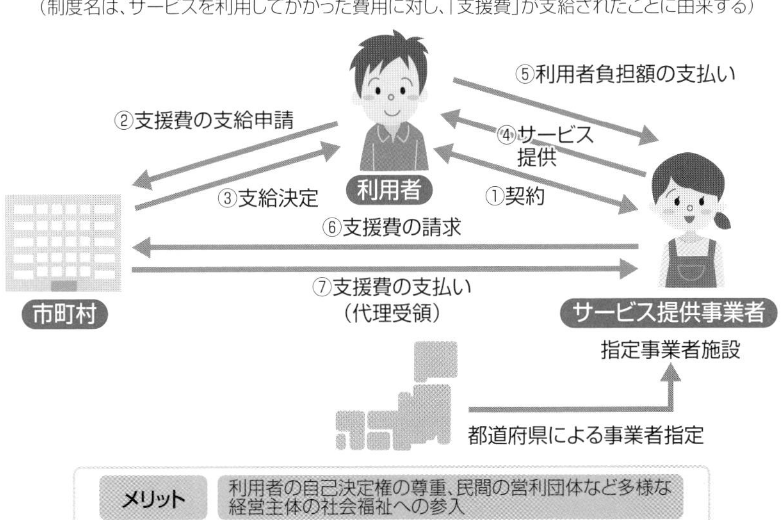

メリット	利用者の自己決定権の尊重、民間の営利団体など多様な経営主体の社会福祉への参入
デメリット	障害者の種別による格差、地域間の格差、財源の不足

供を受ける**支援費制度**がスタートしました。後に、措置制度の問題を踏まえて制度化された支援費制度は、新たに指摘された問題点を踏まえ、障害者自立支援法に基づく制度に引き継がれていくことになります。

▶支援費制度と介護保険制度

支援費制度に先立ってスタートした介護保険制度では、徴収した保険料をその財源にあてるのに対し、支援費制度では税金から支給する租税方式を採っています。

また、その支給にあたっては、介護保険制度では利用したサービスに応じて負担が増えていく**応益負担**（定率負担）を原則とするのに対し、支援費制度では利用者本人や扶養者の収入など支払能力に応じた負担（**応能負担**）をすることが原則とされています。

このため、支援費制度では利用が進むにつれ、56ページで説明するような問題点が浮き上がってくることとなりました。

❖支援費制度と介護保険制度のちがい

	支援費制度	介護保険制度
財源	租税方式	社会保険方式および租税方式
支給決定	支援の種類などの決定	要介護、要支援の認定 →支給限度額が決まる
認定審査会	なし	あり
居宅介護支援	制度化されていない	制度化されている
利用者負担	応能負担	応益負担（定率負担）
利用制限	（原則として）なし	（状態区分により）あり

ノーマライゼーションの実現を目指す

支援費制度のスタートにあたっては、障害者基本法について述べたように、障害のある人が障害のない人と同じように毎日を過ごし、ともに生き生きと活動できる社会を目指す「ノーマライゼーション」の理念が日本においても普及・定着してきたことが背景にあります。

障害者の福祉に関して、これまでの生活支援という面だけではなく、自立と社会参加を促進するため、その理念の実現に向けて積極的に取り組むことが求められてきたのです。

このノーマライゼーションの実現を目指し、介護保険制度と同様に支援費制度でも、障害者自らがサービスを提供する事業者を選択し、契約によってサービスを利用することとなりました。また、サービス提供事業者も利用者の身体状況などに応じて、その選択に応えられるサービスの質の向上とサービス提供事業者間の競争による切磋琢磨が期待されることになったのです。

支援費制度では、自らサービスの選択をすることを尊重し、国、都道府県、市町村、サービス提供事業者、利用者がそれぞれの役割を担っていくこととなりました。

社会福祉法第１条では「社会福祉を目的とする事業の全分野における共通的基本事項を定め、社会福祉を目的とする他の法律と相まつて、福祉サービスの利用者の利益の保護及び地域における社会福祉（以下「地域福祉」という）の推進を図るとともに、社会福祉事業の公明かつ適正な実施の確保及び社会福祉を目的とする事業の健全な発達を図り、もつて社会福祉の増進に資することを目的とする」と定められています。これは、「利用者と事業者の対等性」をうたい、対等だからこその「利用者の保護」と地域における社会福祉の向上を目指し、障害者福祉事務の市町村への委譲が図られていくこととなります。

▶支援費制度の問題点

支援費制度では、特定非営利活動法人（ＮＰＯ法人）や株式会社などの営利法人などが、事業所のある都道府県からサービス提供事業者の指定を受けることによって、サービスを提供できるようになりました。

事業者指定にあたっては事業者数を確保する観点から、介護保険による訪問介護事業所のサービス提供責任者や介護従業者に、居宅介護（ホームヘルプ）のサービス提供事業者や介護従事者との兼務を認める要件緩和が行なわれました。

そのため、特に居宅介護などの居宅サービスでは多くの事業者の参入が進みましたが、利用者やサービスの提供量が急増したため、租税方式の支援費では、自治体の費用負担が大きくなってきました。

支援費の財源は税金です。支援費制度のスタート以降、支給人数の増加により、当初予算から不足額が発生し、補正予算が組まれる状況になってきました。

また、介護保険の要介護認定者数の割合を比べると、都道府県（つまりは市町村）ごとに支給決定される人数に大きなバラつきがあり、そして、市町村によって提供されるサービスにも違いがある状況になっていました。そのため、住み慣れた地域での支援に足りるサービスが実現できているとは言いがたく、地方自治体間の格差が大きい点が指摘されてきました。

さらに、根拠法が身体障害者福祉法、知的障害者福祉法、児童福祉法といくつにも分かれているため、サービスが法律に基づいた障害種別に応じたものとなり、利用者から「利用がしにくい」と指摘されるようになってきました。

これらの指摘や問題点を解消するため、2005年に成立したのが**障害者自立支援法**です。

03 障害者自立支援法によるサービス内容の再編

サービスを利用するためのしくみを一元化

▶障害者の位置づけに大きな変化

障害者に対する福祉制度は、措置の時代から契約の時代へと大きな変化を遂げました。そして支援費制度の問題点を受けて成立した障害者自立支援法によって、それぞれの障害の種別で区分することなく、また、高齢者福祉とともに急増した福祉サービスの費用を利用者にも負担を求めるかたちとなり、福祉サービスにおける障害者の位置づけを大きく変えることになりました。

この障害者自立支援法は、2006年４月から利用者負担についてまず施行され、同年10月から事業者においても新たなサービス体系による提供を行なうべくスタートしました。

❖障害者自立支援法に基づく法体系の再整備

障害者自立支援法
障害種別にかかわりのない共通給付などに関する事項について規定

身体障害者福祉法
身体障害者の定義、福祉の措置など

知的障害者福祉法
福祉の措置など

精神保健福祉法
精神障害者の定義、措置入院など

児童福祉法
児童の定義、福祉の措置など

▶障害者自立支援法の改正ポイント

障害者自立支援法の大きなポイントは、次のとおりです。

①サービスの根拠法令が身体障害者福祉法、知的障害者福祉法、児童福祉法と３つの法律にまたがっていた点を見直し、障害の種別や年齢にかかわらず、障害のある人たちが必要とするサービスを利用できるように、サービスを利用するためのしくみを一元化し、施設・事業を再編

②実施主体について都道府県と市町村に二分されていた点を改め、障害のある人たちに身近な市町村が責任をもって一元的にサービスを提供

③利用者の意向に従って急増したサービスに対して安定的な財源を確保するため、サービスを利用する人たちもサービスの利用量と所得に応じた負担を行なう。また、国と地方自治体が責任をもって費用負担を行なうことをルール化して財源を確保し、必要なサービスを計画的に充実させる

④障害者の自立を目標のひとつとして、就労を希望する障害者に対する就労支援を雇用政策と連携して強化することをサービスとして位置づける

⑤市町村に委ねられていたため、居住していた市町村によってサービスの供給量と必要性のバランスが不明確となっていた支給決定のしくみを透明化、明確化させる

▶サービス給付の主体と対象者

障害者自立支援法では、障害の区分に関係なく「共通」の福祉サービスの対象としてサービスを提供（給付）することになりました。

対象となる「障害者」「障害児」とは、法律に規定する身体障害者、知的障害者、精神障害者（知的障害者を除く）のうち18歳

以上である者、また、児童福祉法に規定する障害児および精神障害者のうち18歳未満の者でした。

当時、発達障害は概念的には精神障害に含まれるとされていましたが、法律上明確にされていなかったことから、2010年の改正法において発達障害者が障害者の範囲に含まれることを明示し、合わせて、高次脳機能障害も対象となりました。

さらに、2013年4月1日に施行された障害者総合支援法では、障害者の定義に新たに難病者を加えています。

自立支援給付とは

支援費制度では障害の区別によって制度が区分されていましたが、障害者自立支援法では障害の区別なく利用ができ、複数のサービスを組み合わせて利用することも可能です。

ただし、事業所によっては身体障害者、知的障害者、精神障害者、障害児いずれかのみを対象とすることも可能です。

また、支援費のデイサービスについては児童デイサービスのみが制度として存続しましたが、障害児については2010年の障害者自立支援法の改正および児童福祉法の改正によって再編され、さらなる支援の強化が図られました。

ここで障害者自立支援法に基づく利用者への個別給付となるサービスを自立支援給付と総称するようになります。

この自立支援給付を、さらに介護給付と訓練等給付、自立支援医療費に区分・再編し、介護給付、訓練等給付はさらに具体的な障害福祉サービス事業に細分化されました。

そして、この再編は現在の障害者総合支援法にも引き継がれていきます。

04 サービス利用者の負担はどう変わったのか

原則はサービス量と所得に応じた応能負担

▶障害福祉サービスの利用者負担

障害者自立支援法では、従来の支援費制度で行なわれていた利用者やその世帯の所得に応じた負担（**応能負担**）から、利用者が受けたサービス量と所得に応じた原則１割の負担（**応益負担、定率負担**）へと踏み込みました。また、食費や光熱費などのいわゆるホテルコストについても、実費分を利用者が負担するものとしました（低所得者には軽減措置があります）。

定率負担においては所得に応じた月額の上限が設けられているほか、生活保護法との調整を行なったうえで資産に応じた個別の減免や、ホテルコストの軽減措置が制度化されました。さらに、サービス提供主体である市町村の判断により別途、市町村による助成制度も認められていました。

しかし、障害基礎年金の見直しもされず、就労支援による工賃（賃金）のアップも実現できない、つまり収入のアップが見込めないなかでのサービス利用の負担の引き上げには批判の声が強まりました。

そのため、とくに負担感が大きい低所得者に向けた軽減措置が段階的に導入され、2010年４月からは緊急対策として、低所得（市町村民税非課税）の障害者については、障害福祉サービスおよび補装具にかかる利用者負担を無料としました。そして、同年12月10日に公布された障害者自立支援法の改正において、**応能負担を原則とすることを明文化する**経緯をたどりました。

食費、光熱費については、引き続き自己負担となります（利用

❖障害者自立支援法当時における利用者負担の基本的な枠組み

①定率負担が過大なものとならないよう、所得に応じて1か月当たりの負担限度額を設定
②低所得の通所サービス利用者については、さらに食費負担額の軽減措置を実施
③低所得の入所施設利用者については、さらに個別減免、補足給付（手許金制度）を実施

〈障害者（20歳以上）の場合〉

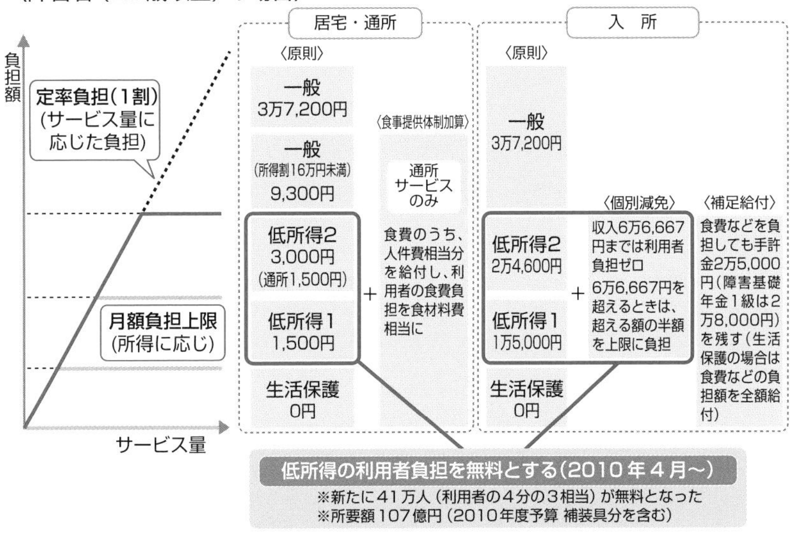

利用者負担の区分

(1) 一　　般：市町村民税課税世帯
(2) 低所得2：市町村民税非課税世帯（低所得1を除く）
(3) 低所得1：市町村民税非課税世帯であって、利用者本人の年収が80万円以下の者
(4) 生活保護：生活保護世帯

者負担については第4章参照）。

また、地域生活支援事業における利用者負担については、事業内容と同様、実施主体である市町村の判断に委ねられています。

▶公費負担医療の利用者負担

新たに自立支援医療費に移行した**公費負担医療**についても定率負担となり、障害福祉サービスと同じように所得に応じた月額上限が設けられましたが、2010年の障害者自立支援法の改正において、**応能負担を原則**とすることとされました。

05 サービスを円滑に提供するための計画

▶国の基本指針に即した計画

都道府県、市町村が障害福祉サービスや地域生活支援事業を円滑に提供できるように、国の障害保健福祉サービスの基盤整備に関する基本指針に則して、2006年度から**障害福祉計画**（183ページ）を策定することとなりました。

障害福祉計画は、市町村の福祉計画を積み上げ、都道府県の計画へ反映させ、さらに都道府県の福祉計画を積み上げることで、より精度の高い数値目標を掲げた障害者福祉プランを国が作り上げていくための基礎になります。

この障害福祉計画について、３年を１期として市町村は「市町村障害福祉計画」の策定、都道府県は「都道府県障害福祉計画」の策定をします。

ただし、障害者自立支援法の施行当初の第１期については、2006年度中に計画を作成し、2007年度にはすべての地方自治体において計画期間が始まることとされました。

しかしながら、この第１期の計画期間は2008年度までとされ、第２期以降は原則に従い、2009年度から始まり、３年を１期とした計画の作成が行なわれ、現在は2026年度までの第７期が運用中です。

なお、すでに数値目標を盛り込んだ障害者計画が作成されている場合には、第１期の障害福祉計画と整合性が図られている限りにおいて、当該障害者計画の全部または一部を障害福祉計画として取り扱うことも差し支えないこととされました。

❖障害福祉サービスの計画的な整備

市町村（市町村障害福祉計画）

- 各年度における障害福祉サービス・相談支援の種類ごとに必要な量の見込み
- 障害福祉サービス・相談支援の種類ごとに必要な見込量を確保するための方策
- 地域生活支援事業の種類ごとの実施に関する事項　など

都道府県（都道府県障害福祉計画）

- 区域ごとの各年度における障害福祉サービス・相談支援の種類ごとに必要な量の見込み
- 区域ごとの障害福祉サービス・相談支援の種類ごとに必要な見込量の確保のための方策
- 区域ごとの障害福祉サービス・相談支援に従事する者の確保、または資質向上のために講ずる措置に関する事項
- 各年度の障害者支援施設の必要入所定員総数
- 施設障害福祉サービスの質の向上のために講ずる措置に関する事項
- 地域生活支援事業の種類ごとの実施に関する事項　など

06 障害福祉施策の見直しから法改正へ

障害者総合支援法の成立

▶障害者自立支援法への批判の声

2006年に施行された障害者自立支援法は、障害の種別に関わらずサービスを利用できるよう取り組むなど大きく姿を変え、サービスの利用に際して応能負担から原則1割の定率負担を導入するものとなりました。この施行により、障害者から「日本国憲法に保障された生存権を脅かす」など、全国各地で違憲訴訟が提起されたことから、その後の障害者自立支援法の改正を通じて低所得世帯の利用者負担の軽減が図られていくこととなります。

しかし、2009年8月の総選挙で政権与党となった民主党は、マニフェストにおいて、応能負担を原則とした「障がい者総合福祉法」を制定する方針を掲げ、翌9月には時の厚生労働大臣が、障害者自立支援法の廃止を明言しました。

この流れを受けて、障がい者制度改革推進本部の設置が閣議決定され、2010年1月には障害のある人やその家族も含めた障がい者制度改革推進会議が開催され、障害者の差別を禁じた国連の**障害者権利条約**（48ページ）を批准するための国内法の整備を目指すことになりました。

この会議において、障害者施策を担当した内閣府特命大臣は、障害者基本法の改正、障害者総合福祉法の制定、障害者差別禁止法制についても言及し、2011年8月には改正障害者基本法が施行されています。

一方、障害者自立支援法を廃止した後の新制度のあり方について、違憲訴訟において原告団は、次のような論点を求めました。

①支援費制度の時点および現在の障害者自立支援法の軽減措置が講じられた時点の負担額を上回らないこと
②少なくとも市町村民税非課税世帯には利用者負担をさせないこと
③収入認定は、配偶者を含む家族の収入を除外し、障害者本人だけで認定すること
④介護保険優先原則（障害者自立支援法第７条）を廃止し、障害の特性を配慮した選択制などの導入を図ること
⑤実費負担は、厚生労働省実施の「障害者自立支援法の施行前後における利用者の負担等に係る実態調査結果について」(2009年11月26日公表）の結果を踏まえ、早急に見直すこと
⑥重い障害を抱える障害者も安心して暮らせる支給量を保障し、個々の支援の必要性に即した決定がなされるように、支給決定の過程に障害者が参画する協議の場を設置するなど、その意向が十分に反映される制度とし、そのために国庫負担基準制度、障害程度区分制度の廃止を含めた抜本的な検討を行なうこと

これを受けて国は、今後の障害福祉施策を、障害のある当事者が社会の対等な一員として安心して暮らすことのできるものとするために最善を尽くすことを約束したため、2010年１月に違憲訴訟の終結に向けて原告団と厚生労働省との間で基本文書が交わされました。

その中では、現行の介護保険制度との統合を前提とはせず、上記に示した違憲訴訟において、障害者から指摘された障害者自立支援法の問題点を踏まえ、次ページの表の事項について、障害者の現在の生活実態やニーズなどに十分配慮したうえで、利用者負担のあり方などを検討することとされました。

2010年の障害者自立支援法改正の内容

以上の流れを踏まえて、障害者自立支援法については、2010年

❖基本文書で交わされた検討事項

1. 利用者負担のあり方
2. 支給決定のあり方
3. 報酬支払い方式
4. 制度の谷間のない「障害」の範囲
5. 権利条約批准の実現のための国内法整備と同権利条約批准
6. 障害関係予算の国際水準に見合う額への増額

12月10日に、障がい者制度改革推進本部等における検討を経て、障害保健福祉施策が見直されるまでの間、障害者等の地域生活を支援するための改正が公布され、障害者の範囲の見直しについては公布日に、グループホーム・ケアホーム利用の際の助成、同行援護の創設は2011年10月１日、そのほかの改正については2012年４月１日から施行されました。

⑴利用者負担の見直し

障害者が障害福祉サービスなどを利用した場合の負担については、障害者の家計の負担能力に応じたものとすることを原則とし、自立支援医療費および補装具費の給付について、同様の見直しを行なうこととしました。

また、介護給付等対象サービスのうち政令で定めるもの、ならびに補装具の購入または修理に要した費用の負担の合計額が著しく高額である場合には、その支給決定障害者などに対し、**高額障害福祉サービス等給付費**を支給することになりました。

⑵障害者の範囲の見直し

障害福祉サービスをより受けやすくする観点から、**発達障害**が障害者自立支援法の対象になることを明確化しました。

⑶相談支援の充実

基幹相談支援センターは、地域における相談支援の中核的な役割を担う機関として、相談支援に関する業務を総合的に行なうことを目的とする施設とすることにしました。

また、地方公共団体は、関係機関、関係団体および障害者等の福祉、医療、教育または雇用に関連する職務に従事する者その他の関係者により構成される自立支援協議会を置くことができるようになりました。

さらに、市町村は、支給要否決定を行なうにあたって必要と認められる場合には、支給決定の申請にかかる障害者または障害児の保護者に対し、サービス等利用計画案の提出を求めることとしました。そして、当該サービス等利用計画案の提出があった場合には、当該計画案を勘案して支給要否決定を行ないます。

⑷障害児支援の強化

障害者自立支援法の施行によるサービス再編の検討を受け、障害児が身近な地域でサービスを受けられる支援体制として、重複障害に対応し身近な地域で支援を受けられるよう、障害種別等に分かれている通所・入所等障害児施設について児童福祉法を改正し、再編、一元化することとしました。

また、通所サービスについては市町村を実施主体とするほか、放課後や夏休みなどにおける居場所の確保を目的として、学齢期における支援の充実のため、「放課後等デイサービス」（173ページ）を創設しました。

なお、18歳以上の障害児施設入所者について、継続した支援を行なうための措置や、現に入所している人が見直しにより退所させられることがないよう配慮しつつ、在園期間の延長措置を見直し、障害者施策として対応すべきとの意見があり、障害児支援の見直しと合わせて検討することになりました。

⑸地域における自立した生活のための支援の充実

共同生活介護または共同生活援助を利用する支給決定障害者のうち、所得の状況その他の事情を考慮して必要と認める人については、特定障害者特別給付費として家賃を助成対象とし、利用者１人当たり月額１万円を上限に支給されています。

また、障害福祉サービスについては、視覚障害のため移動に著しい困難をきたす障害者などにつき、外出時において、その障害者などに同行し、移動に必要な情報を提供するとともに、移動の援護などの便宜を供与する「同行援護」を創設しました。

このほかに、①目的規定などにある「その有する能力及び適性に応じ」との文言を削除、②成年後見制度利用支援事業を市町村の地域生活支援事業の必須事業に格上げ、③指定事業者等の指定の欠格事由の見直し、業務管理体制の整備その他所要の規定の整備、などの改正がなされました。

この改正は、障がい者制度改革推進本部等における検討を踏まえて障害保健福祉施策を見直すまでの間における障害者等の地域生活支援のための法改正であるとされていたものの、その後の違憲訴訟の終結にあたって交わされた「遅くとも2013年８月までに、障害者自立支援法を廃止し新たな総合的な福祉法制を実施する」とした基本合意文書や要望書の実現が描かれないまま、2012年３月には「地域社会における共生の実現に向けて新たな障害保健福祉施策を講ずるための関係法律の整備に関する法律案」が閣議決定され、国会に提出されました。

この法律案は、修正のうえ、2012年６月には「障害者の日常生活及び社会生活を総合的に支援するための法律（障害者総合支援法）」として成立しましたが、前述のような障害者自立支援法の廃止と新法としての施行ではなく、新旧対照表の付された、つまり改正法として成立したものだったのです。

❖障害児支援の改正ポイント

障害児施設の一元化

障害種別で分かれていた障害児施設は、通所による支援（「障害児通所支援（児童発達支援等）」）、入所による支援（「障害児入所支援（障害児入所施設）」）にそれぞれ一元化された

障害児通所支援の実施主体を市町村へ移行

通所サービスの実施主体は市町村に変更され、障害者総合支援法の居宅サービスと通所サービスの一体的な提供も可能となった

放課後等デイサービス、保育所等訪問支援の創設

学齢児を対象としたサービスが創設され、放課後支援が充実されるとともに、障害があっても保育所などの利用ができるよう訪問サービスが創設された

在園期間の延長措置の見直し

18歳以上の障害児施設入所者に対し、障害者総合支援法に基づく障害福祉サービスが提供される。なお、現に入所している者が退所させられないよう配慮される

❖障害児を対象としたサービスの再編イメージ

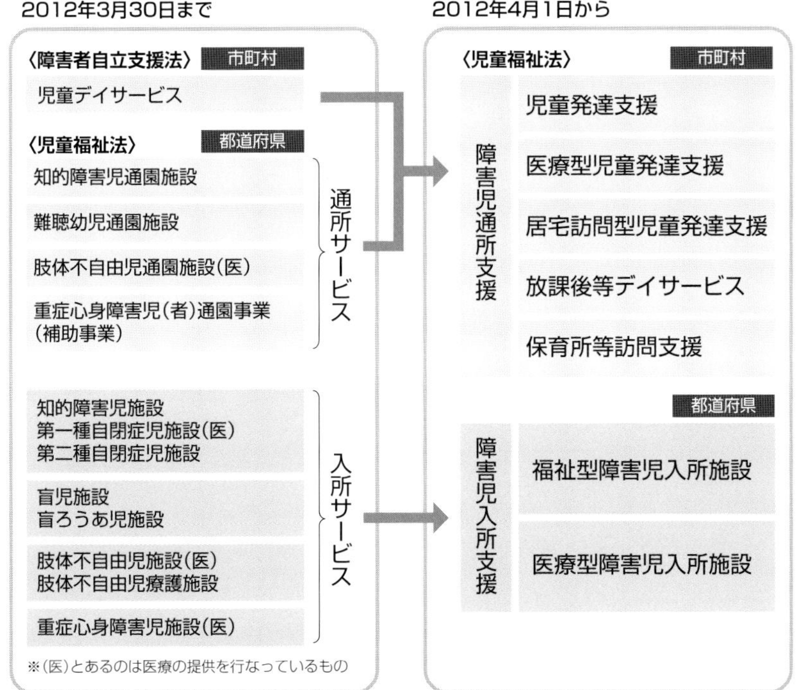

07 2018年4月施行の改正「障害者総合支援法」

多様化するニーズに応える体制づくり

▶改正で何が変わったのか

障害者総合支援法が、障害者自立支援法として施行されてから10年が過ぎるころには、障害福祉サービス等の利用者は約100万人、国の予算額は約1.3兆円とそれぞれ倍増するなど、障害者への支援は年々拡充してきました。

2018年4月1日から施行された改正障害者総合支援法は、障害者の重度化・高齢化、医療的ケアを要する障害児（医療的ケア児）や精神障害者の増加などに伴い、障害福祉サービスなどの利用者が多様化しているなかで、個々のニーズに応じたサービスの提供体制を整備することを目的とされました。

この改正では、大きく3つのポイントがあり、これに基づいて各施策・制度の見直しが行なわれました。

①障害者の望む地域生活の支援
②障害児支援のニーズの多様化へのきめ細かな対応
③サービスの質の確保・向上に向けた環境整備

具体的には、「就労定着支援」「自立生活援助」「居宅訪問型児童発達支援」など新たなサービスが設けられたほか、高齢障害者の介護保険サービスの利用者負担の軽減や、障害児支援の拡充およびサービス提供体制の計画的な構築を目的として、児童福祉法による「障害児福祉計画」の策定が義務づけられました。

さらに、都道府県が障害福祉サービスを提供する施設・事業所の事業内容等の情報を公表する制度が新たに設けられ、自治体の事務の効率化を図るため、所要の規定が整備されています。

❖2018年度の法改正ポイント

障害者総合支援法および児童福祉法の一部が改正され、2018（平成30）年4月から施行。

改正法の「3つの柱」		
①	障害者の望む地域生活の支援	・就労定着に向けた支援を行なう新たなサービス「就労定着支援」の創設 ・地域生活を支援する新たなサービス「自立生活援助」の創設 ・重度訪問介護の訪問先の拡大 ・高齢障害者の介護保険サービスの円滑な利用 ※介護保険法の改正による「共生型サービス」の創設
②	障害児支援のニーズの多様化へのきめ細かな対応	・居宅訪問により「児童発達支援」を提供するサービスの創設 ・保育所等訪問支援の支援対象の拡大 ・障害児のサービス提供体制の計画的な構築 ※児童福祉法の改正による「障害児福祉計画」策定の義務づけ ※医療的ケアを要する障害児（医療的ケア児）が適切な支援を受けられるよう、各自治体で保健・医療・福祉等の連携促進に努めることとする改正については、2016年6月3日より先行して実施
③	サービスの質の確保・向上に向けた環境整備	・補装具費の支給範囲の拡大（貸与の追加） ・障害福祉サービス等の情報公表制度の創設（→184ページ）

サービス利用者は、独立行政法人福祉医療機構の総合情報サイト「WAMNET（ワムネット＝https://www.wam.go.jp/）上で、障害者福祉サービス事業者等の情報を閲覧できるようになっています（184ページ）。

▶障害福祉サービス等の報酬改定

また、2016年6月に閣議決定された「ニッポン一億総活躍プラン」において「障害や疾病の特性等に応じて最大限活躍できる環境を整備することが必要」とされるとともに、「障害者の就労支援等の推進」が掲げられており、障害者の工賃・賃金向上、一般就労への移行促進や就労定着支援の充実が求められています。

合わせて、利用者数やサービスを提供する事業所数が大幅に増加し、サービスの質の向上が求められていることから、適正なサービスの確保や制度の持続可能性を踏まえた、障害福祉サービス等の報酬改定が行なわれました。

2018年度改正障害者総合支援法の基本的な考え方

⑴障害者の地域移行・地域生活の支援

障害者の重度化・高齢化によりサービス利用のニーズが多様化するなか、障害者が地域生活を開始・継続するために必要な支援を受けることができるよう、居宅生活を支援するサービスの充実を図ります。

また、障害者の「親亡き後」を見据え、地域が抱える課題に向き合い、地域で障害者やその家族が安心して生活するため、地域生活支援拠点等の整備を促進し、その機能の充実・強化を図るとともに、生活の場であるグループホームの整備等を進めます。2018年度の改正では、日中サービス支援型共同生活援助（79ページ）が新たに設けられました。

(2)精神障害者の地域移行の推進

長期に入院する精神障害者等の地域移行を進め、地域移行後の生活の場や、地域生活を支えるためのサービス提供体制の確保などの取り組みを強化します。

地域生活支援拠点等の整備を促進し、その機能の充実・強化を図るとともに、生活の場であるグループホームを確保し、地域相談支援等の既存サービスや新たに創設されたサービスの活用により、関係機関・関係者による連携やサービスを複合的に提供できる体制を強化することに取り組みます。

❖精神障害者の地域移行の推進施策例

グループホームにおける精神障害者の支援

精神科病院等に1年以上入院していた精神障害者に対して、地域で生活するために必要な相談援助等を社会福祉士、精神保健福祉士または公認心理師等が実施。また、日中サービス支援型において、重度・高齢の精神障害者に対する支援を実施

地域移行支援

精神科病院等からの地域移行を促進するため、専門職の配置、病院などとの緊密な連携を行なう

医療観察法対象者の受入れ促進

医療観察法対象者や刑務所出所者等の社会復帰を促すため、訓練系、就労系サービス事業所において、精神保健福祉士等の配置や、訪問により支援を実施

⑶就労継続支援にかかる工賃・賃金の向上、一般就労への移行促進

障害者がその適性に応じて能力を十分に発揮し、地域で自立した生活を実現することができるよう、一般就労移行後の定着実績や工賃実績、労働時間に応じたメリハリのある報酬体系を構築し、就労系障害福祉サービスにおける工賃・賃金向上や一般就労への移行・定着をさらに促進します。

⑷障害福祉サービス等の持続可能性の確保

障害福祉サービス等を提供する事業所数の増加やサービス内容の維持が課題となっているなかで、制度の持続可能性を確保するため、効率的かつ効果的にサービスを提供できるよう、事業所のサービスへの取り組みを評価できる報酬体系を導入します。

⑸障害児支援のサービス提供体制の確保と質の向上

医療技術の進歩等を背景として、人工呼吸器等の使用や、たんの吸引などの医療的ケアが必要な障害児（医療的ケア児）が増加しているなかで、個々の障害児がその家族の状況やニーズに応じて、地域において必要な支援を受けることができるよう、適切なサービス提供体制を確保していきます。

放課後等デイサービスなどの障害児通所支援については、利用する障害児が障害特性に応じた適切な支援を受け、生活能力の向上などが図られるよう、サービスの質を確保し、適切な評価に基づく報酬体系とします。

❖医療的ケア児に対する支援の充実

障害児向けサービス ≫児童発達支援 ≫放課後等デイサービス ≫福祉型障害児入所施設 ≫居宅訪問型児童発達支援	**■看護職員加配加算の創設** 一定の基準を満たす医療的ケア児を受け入れるために看護職員を加配している場合に、新たな加算として評価する。 **■医療連携体制加算の拡充（通所支援のみ）** 医療的ケア児の支援のため、外部の看護職員が事業所を訪問して障害児に対して長時間の支援を行なった場合等について、新たに評価する。 **■居宅訪問型児童発達支援の創設** 医療的ケア児などであって、障害児通所支援を利用するために外出することが著しく困難な障害児に対し、居宅を訪問して発達支援を行なう。 **■送迎加算の拡充** 送迎において喀痰吸引等の医療的ケアが必要な場合があることを踏まえ、手厚い人員配置体制で送迎を行なう場合を評価する。
夜間対応・レスパイト※など ≫短期入所	**■福祉型強化短期入所サービス費の創設** 医療的ケア児の受入れを支援するため、短期入所の新たな報酬区分として「福祉型強化短期入所サービス費」を創設する。
障害者向けサービス ≫生活介護	**■常勤看護職員等配置加算の拡充** 医療的ケア児を受け入れるために看護職員を２名以上配置している場合を評価する。
支援の総合調整 ≫計画相談支援 ≫障害児相談支援	**■要医療児者支援体制加算の創設** 医療的ケア児など、より高い専門性が求められる利用者を支援する体制を有している場合を評価する。 **■医療・保育・教育機関等連携加算の創設** 医療機関、保育機関等と必要な協議等を行なったうえで、サービス等利用計画を作成した場合に、新たな加算として評価する。

※レスパイト(respite)…「一時休止」「休息」「息抜き」という意味。在宅介護などで介護者が日々の介護に疲れを感じたり、心身ともに限界を超えて介護不能となることを予防する目的で、一時的に短期間の施設利用を受け入れること。

2018年度改正法で新設されたサービス

⑴就労定着支援

就労定着支援は、生活介護、自立訓練、就労移行支援または就労継続支援を利用して一般就労した障害者で、就労に伴う環境変化により生活面の課題が生じている者を対象としています。

利用者の自宅・企業等を訪問することにより、月１回以上は障害者との対面支援を行ない（加えて、月１回以上は企業訪問を行なうよう努め）、生活面の課題を把握するとともに、企業や関係機関等との連絡調整や、それに伴う課題解決に向けて必要となる支援を実施するサービスです。

なお、生活支援としては、生活リズム・生活習慣、衛生管理、健康管理・服薬管理などを行なうため、就労定着支援では、雇用にともない生じる日常生活または社会生活を営むうえでの諸問題に関する相談、指導および助言その他の必要な支援を行ないま

❖就労定着支援のしくみ

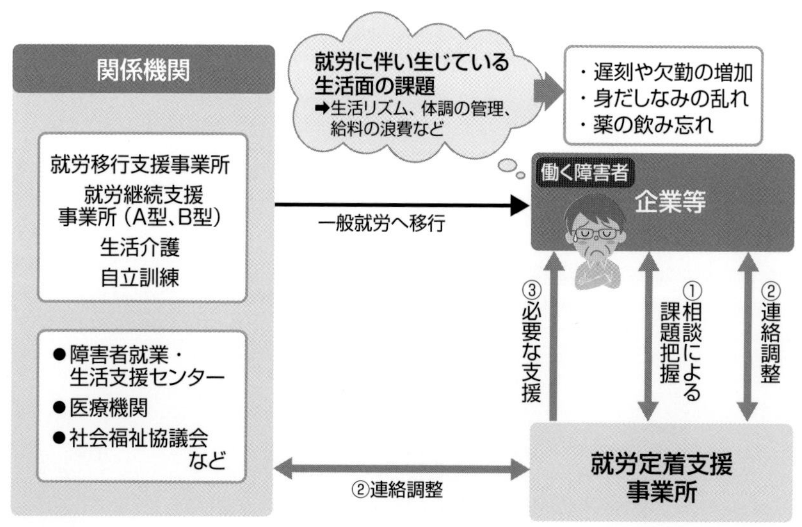

す。

自立生活援助における支援内容の範囲を含むことから、自立生活援助との併用は認めないこととされました。

また、就労定着支援は、訪問型自立訓練（生活訓練）の相談援助の内容の範囲を含むことや、就労定着支援の利用者は一般企業に就職していることを踏まえれば、新たに生活に関する訓練を行なうことは想定されないことから、訪問型自立訓練（生活訓練）との併給は認めないこととされました。このほか、サービス内容が異なる他の障害福祉サービスなどとの併用は妨げません。

⑵自立生活援助

自立生活援助は、障害者支援施設やグループホーム、精神科病院等から地域での一人暮らしに移行した障害者などで、理解力や生活力等に不安がある者、現に一人で暮らしており、自立生活援助による支援が必要な者、障害、疾病等の家族と同居しており（障害者同士で結婚している場合を含む）、家族による支援が見込めないため、実質的に一人暮らしと同様の状況であり、自立生活援助による支援が必要な者を対象としています。

利用者の居宅を月２回以上訪問し、食事、洗濯、掃除などに課題はないか、公共料金や家賃に滞納はないか、体調に変化はないか、通院しているか、地域住民との関係は良好か、などについて確認を行ない、必要な助言や医療機関等との連絡調整を行ないます。

こうした定期的な訪問のほか、利用者からの相談・要請があった際も、訪問、電話、メールなどによる随時の対応や利用者の状況把握を行ない、必要な情報提供や助言などの支援を一体的に実施するサービスです。

具体的には、地域移行支援の対象要件に該当する障害者施設に入所していた者や精神科病院に入院していた者などであり、理解力や生活力を補う観点から支援が必要と認められる場合や、人間関係や環境の変化などによって一人暮らしや地域生活を継続することが困難と認められる場合（家族の死亡や入退院の繰返しなど）、そのほか、市町村審査会における個別審査を経てその必要性を判断したうえで適当と認められる場合を想定しています。

❖自立生活援助のしくみ

一定の期間にわたり、定期的な巡回訪問や随時の対応により、障害者の理解力、生活力などを補う観点から、適時のタイミングで適切な支援を実施

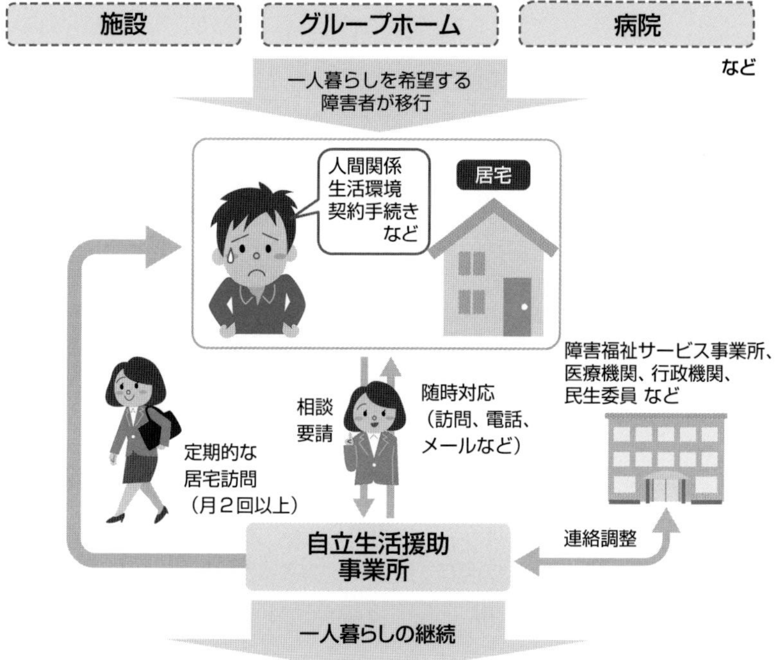

⑶居宅訪問型児童発達支援

居宅訪問型児童発達支援は、重症心身障害等の重度の障害により外出が著しく困難な場合や、感染症にかかりやすく重篤化するおそれのある場合など、本人の状態を理由として外出ができない障害児を対象に、その居宅を訪問し、日常生活における基本的な

❖居宅訪問型児童発達支援のしくみ

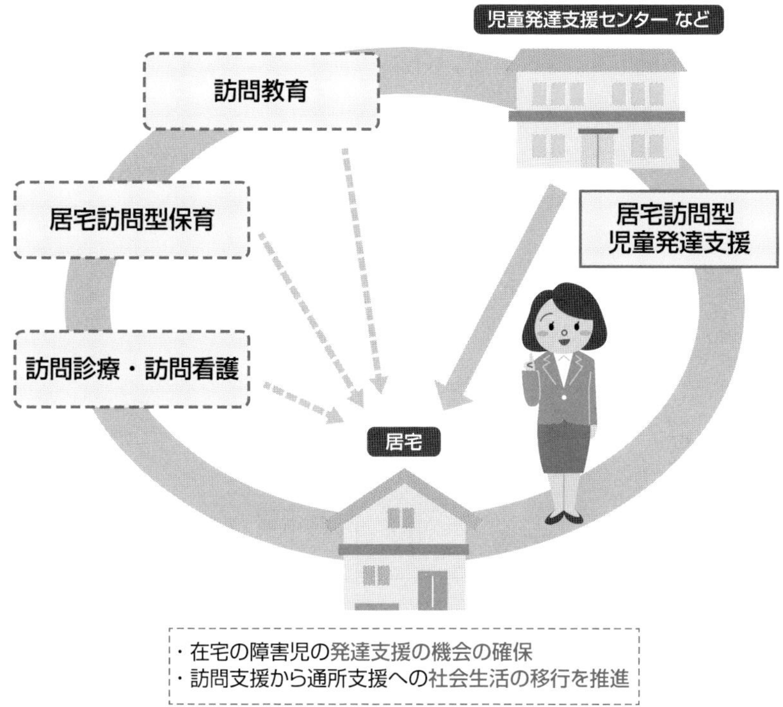

動作の指導、知識技能の付与など発達支援を提供するサービスです。

(4)「日中サービス支援型共同生活援助」の創設

障害者の重度化・高齢化に対応できる常時の支援体制を確保するため、共同生活援助（グループホーム）の新たな類型として、「日中サービス支援型共同生活援助」が設けられました。

これにより、重度の障害者等が、地域において家庭的な環境および地域住民との交流のもとで自立した生活を営むとともに、身体および精神の状況などに応じたサービスを受けられる体制を整えます。具体的には、共同生活住居において、相談、入浴、排泄または食事の介助等を行なうサービスを提供します。

(5)「共生型サービス」の基準の特例

身近な場所でのサービス利用ができるよう、また障害福祉サービスの利用者が、介護保険が適用となる65歳になっても障害福祉サービスを利用できるよう、介護保険の居宅サービス等の指定を受けた事業所について、障害福祉サービスの居宅介護、生活介護、短期入所等の指定を受ける場合や、障害福祉サービス事業所

❖共生型サービスで何が変わるのか

○介護サービス事業所が共生型障害福祉サービスの指定を受ける場合

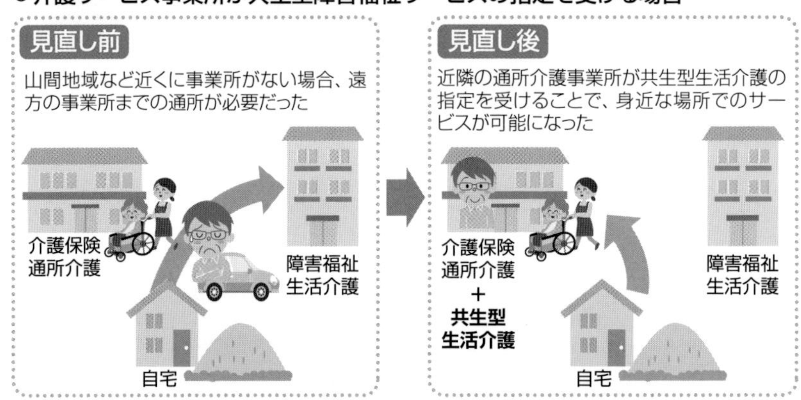

○障害福祉サービス事業所が共生型介護サービスの指定を受ける場合

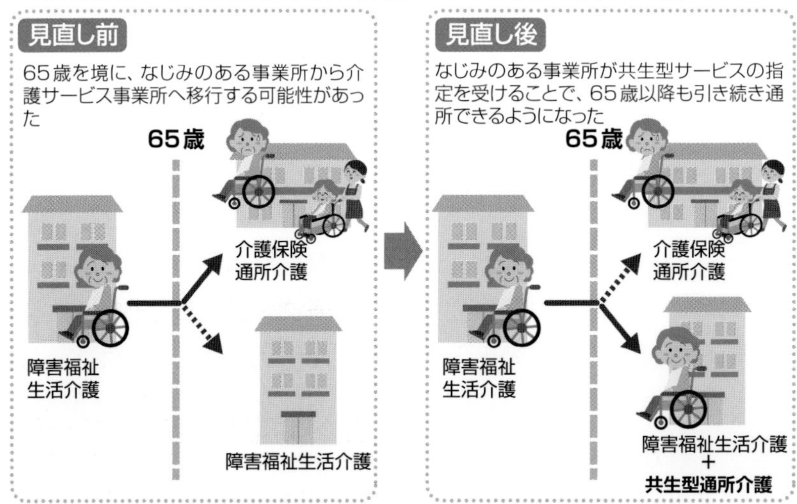

が介護保険の居宅サービス等の指定を受ける場合の特例を設けることとなりました。

⑹地域生活支援拠点等の機能強化

地域生活支援拠点等は、障害者の重度化・高齢化や「親亡き後」を見据え、障害者の生活を地域全体で支えるため、居住支援のためのサービス提供体制を、地域の実情に応じて整備していくこととなりました。

地域生活支援拠点等の機能を担う事業所については、運営規程に拠点等の機能を担う事業所として各種機能を実施することを規定し、当該事業所であることを市町村に届け出たうえで、市町村が当該事業所を拠点等として認めることを要します。

❖地域生活支援拠点等

COLUMN

障害者基本法とは

現在の障害者基本法は、障害者権利条約の発効を受けて、2011年7月従来の障害者基本法を改正することにより成立し、同年8月から一部を除いて公布・施行されました。

この法律は、第1条で、次のように規定し、国民にその社会の実現に寄与するよう努めることを責務としています。

〔障害者基本法 第1条〕

「この法律は、全ての国民が、障害の有無にかかわらず、等しく基本的人権を享有するかけがえのない個人として尊重されるものであるとの理念にのつとり、全ての国民が、障害の有無によつて分け隔てられることなく、相互に人格と個性を尊重し合いながら共生する社会を実現するため、障害者の自立及び社会参加の支援等のための施策に関し、基本原則を定め、及び国、地方公共団体等の責務を明らかにするとともに、障害者の自立及び社会参加の支援等のための施策の基本となる事項を定めること等により、障害者の自立及び社会参加の支援等のための施策を総合的かつ計画的に推進することを目的とする」

とりわけ、地域社会における共生できる社会の実現とは、すべての障害者が、障害者でない者と等しく、基本的人権を享有する個人としてその尊厳が重んぜられ、その尊厳にふさわしい生活を保障される権利を有することを前提としています。

すべての障害者は、社会を構成する一員として社会、経済、文化その他あらゆる分野の活動に参加する機会が確保されるとともに、可能な限り、どこで誰と生活するかについての選択の機会が確保され、地域社会において他の人々と共生することを妨げられないこと、また、可能な限り、言語（手話を含む）その他の意思疎通のための手段についての選択の機会が確保され、情報の取得または利用のための手段についての選択の機会の拡大が図られることを旨として取り組むことを明文化しました。

さらに、「何人も、障害者に対して、障害を理由として、差別することその他の権利利益を侵害する行為をしてはならない」と差別の禁止が明示されています。

このほか、障害者の自立および社会参加の支援、障害の原因となる傷病の予防に関する基本的施策が規定され「障害者基本法」に基づき策定される「障害者基本計画」（182ページ）に即して、障害者の自立および社会参加の支援等のための施策の総合的かつ計画的な推進に取り組むこととなりました。

第3章

障害者を支援する福祉サービスのしくみ

障害者総合支援法では、障害者の個人の尊厳を踏まえてさまざまな給付（サービス提供）がなされます。

この章では、介護給付、訓練等給付、補装具などの自立支援給付と、市町村に委ねられた地域生活支援事業について見ていきます。

01 障害福祉サービスには どんなものがあるのか

自立支援給付・地域生活支援事業の二本立て

▶地域の実情に合わせて行なうサービス

障害者総合支援法に基づく障害福祉サービスは、障害者の自立を支援することを目的に、**自立支援給付**と**地域生活支援事業**から構成されます。

自立支援給付は、利用者の障害支援区分に応じて、介護の支援を受ける「介護給付」と訓練等の支援を受ける「訓練等給付」などがあります。これに対し、利用者の身近な地域における社会資源の状況や地理的条件、また利用者の状況に応じて柔軟に支援することを目的とした事業を地域生活支援事業といいます。

それぞれの事業は各市町村や都道府県に委ねられており、地域性に応じた支援を市町村が実現することも可能です。

自立支援給付では、支給に必要な費用を、市町村のほか、国50％、都道府県25％負担することが義務づけられていますが、地域生活支援事業においても、同様に国と都道府県が補助することが定められ、全国的な実施水準を引き上げるよう費用の配分にも配慮がなされています。

訓練等給付については、暫定的に支給を決定します。そして、障害者本人に適切かどうかを判断する事後的な評価を行ない、個別支援計画の策定を経て支給決定となります。

なお、以前の支援費制度では、障害種別ごとに施設・事業体系に支援施策を分立していましたが、障害者総合支援法では、障害者の状況やニーズに応じた適切な支援が効果的・効率的に行なわれるよう、86ページのように再編されました。

自立支援給付と地域生活支援事業の構成

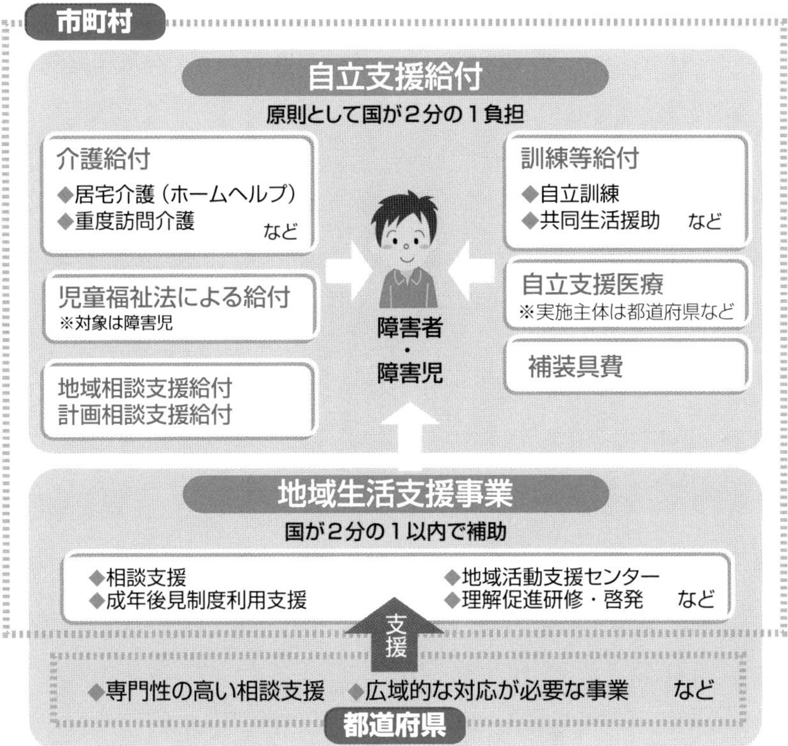

障害支援区分と利用できるサービス

介護給付のサービス利用には、一定の障害支援区分やその他の要件が必要となる場合がある。

○＝利用できるサービス　×＝利用できないサービス

介護給付＼区分	非該当	区分1	区分2	区分3	区分4	区分5	区分6
居宅介護（ホームヘルプ）	×	○	○	○	○	○	○
重度訪問介護	×	×	×	×	○	○	○
同行援護	○	○	○	○	○	○	○
行動援護	×	×	×	○	○	○	○
短期入所（ショートステイ）	×	○	○	○	○	○	○
療養介護	×	×	×	×	×	※3	○
生活介護	×	×	※1	○	○	○	○
重度障害者等包括支援	×	×	×	×	×	×	○
施設入所支援	×	×	×	※2	○	○	○

※1　50歳以上は「区分2」から利用可能
※2　50歳以上は「区分3」から利用可能
※3　筋ジストロフィー患者、重症心身障害者は「区分5」から利用可能

❖障害福祉サービスの再編

支援費制度			障害者総合支援法	
居宅サービス	ホームヘルプ（身・知・児・精）	見直し・再編 →	介護給付	①居宅介護（ホームヘルプ）
	デイサービス（身・知・児・精）			②重度訪問介護
	ショートステイ（身・知・児・精）			③同行援護
	グループホーム（知・精）			④行動援護
施設サービス	重症心身障害児施設（児）			⑤重度障害者等包括支援
	療護施設（身）			⑥短期入所（ショートステイ）
	更生施設（身・知）			⑦療養介護
	授産施設 小規模通所授産施設（身・知・精）			⑧生活介護
	福祉工場（身・知・精）			⑨施設入所支援（障害者支援施設での夜間ケア等）
	通勤寮（知）		訓練等給付	①自立訓練
	福祉ホーム（身・知・精）			②就労移行支援
	生活訓練施設（精）			③就労継続支援（A型=雇用型、B型=非雇用型）
				④就労定着支援
				⑤自立生活援助
				⑥共同生活援助（グループホーム）
			相談支援	①計画相談支援
				②地域移行支援
				③地域定着支援
			地域生活支援事業	①移動支援
				②地域活動支援センター
				③福祉ホーム

※表中の「身」は身体障害者、「知」は知的障害者、「精」は精神障害者、「児」は障害児のこと

- 自宅で、入浴、排せつ、食事の介護等を行なう
- 重度の肢体不自由者又は重度の知的障害若しくは精神障害により、行動上著しい困難を有する人で常に介護を必要とする人に、自宅で、入浴、排せつ、食事の介護、外出時における移動支援、入院時の支援などを総合的に行なう
- 視覚障害により、移動に著しい困難を有する人に、移動に必要な情報の提供（代筆・代読を含む）、移動の援護等の外出支援を行なう
- 自己判断能力が制限されている人が行動するときに、危険を回避するために必要な支援や外出支援を行なう
- 介護の必要性がとても高い人に、居宅介護等複数のサービスを包括的に行なう
- 自宅で介護する人が病気の場合などに、短期間、夜間も含め施設で、入浴、排せつ、食事の介護等を行なう
- 医療と常時介護を必要とする人に、医療機関で機能訓練、療養上の管理、看護、介護及び日常生活の支援を行なう
- 常に介護を必要とする人に、昼間、入浴、排せつ、食事の介護等を行なうとともに、創作的活動又は生産活動の機会を提供する
- 施設に入所する人に、夜間や休日に、入浴、排せつ、食事の介護等を行なう
- 自立した日常生活又は社会生活ができるよう、一定期間、身体機能又は生活能力の向上のために必要な訓練を行なう。機能訓練と生活訓練がある
- 一般企業等への就労を希望する人に、一定期間、就労に必要な知識及び能力の向上のために必要な訓練を行なう
- 一般企業等での就労が困難な人に、働く場を提供するとともに、知識及び能力の向上のために必要な訓練を行なう。雇用契約を結ぶA型と、雇用契約を結ばないB型がある
- 一般就労に移行した人に、就労に伴う生活面の課題に対応するための支援を行なう
- 一人暮らしに必要な理解力・生活力等を補うため、定期的な居宅訪問や随時の対応により日常生活における課題を把握し、必要な支援を行なう
- 共同生活を行なう住居で、相談や日常生活上の援助を行なう。また、入浴、排せつ、食事の介護等の必要性が認定されている人には介護サービスも提供する。さらに、グループホームを退居し、一般住宅等への移行を目指す人のためにサテライト型住居がある
- サービス利用支援と継続サービス利用支援があり、さらに障害児相談支援として障害児支援利用援助と継続障害児支援利用援助がある
- 障害者支援施設、精神科病院、保護施設、矯正施設等を退所する障害者、児童福祉施設を利用する18歳以上の人等を対象として、地域移行支援計画の作成、相談による不安解消、外出への同行支援、住居確保、関係機関との調整等を行なう
- 居宅において単身で生活している障害者等を対象に常時の連絡体制を確保し、緊急時には必要な支援を行なう
- 円滑に外出できるよう、移動を支援する
- 創作的活動又は生産活動の機会の提供、社会との交流の促進を行なう施設
- 住居を必要としている人に、低額な料金で、居室等を提供するとともに、日常生活に必要な支援を行なう

02 市町村と都道府県による支援の役割分担

地域性を考慮した支援事業を行なう

2つの地域生活支援事業

自立支援給付には、介護給付、訓練等給付、自立支援医療費、補装具費、サービス利用計画作成費、高額障害サービス費、特定障害者特別給付、療養介護医療費、基準該当療養介護医療費などがあり、利用者に対して個別に給付されます。

地域生活支援事業は、自治体のうち、その役割に応じて市町村が行なうもの（**市町村地域生活支援事業**）と都道府県が行なうもの（**都道府県地域生活支援事業**）とに分かれます。

市町村地域生活支援事業では、相談支援、意思疎通支援、日常生活用具給付、移動支援、地域活動支援センターの機能強化、そして福祉ホーム事業などを対象とします。

一方、都道府県地域生活支援事業では、専門性の高い相談支援事業や広域支援、人材育成を対象としています。いわば役割分担をしながら、それぞれの地域性を考慮した支援事業を行なっていくことを目的としているわけです。なお、市町村は独自の判断でいずれの事業でも地域生活支援事業とすることが可能です。

また、2010年の障害者自立支援法の改正により、**成年後見制度**（十分な判断能力をもたない人が、自身にとって不利益な意思決定をしないよう、保護者をつけたり、支援する者をあらかじめ選んでおくことができる制度）の利用支援事業が市町村の地域生活支援事業の必須事業となりました。さらに、2013年４月の障害者総合支援法の施行にともない、必須事業はさらに広がっています。

❖地域生活支援事業一覧

	事業名	内　容
市町村事業	理解促進研修・啓発	障害者に対する理解を深めるための研修や啓発事業を行なう
	自発的活動支援	障害者やその家族、地域住民等が自発的に行なう活動を支援する
	相談支援	・相談支援 障害のある人、その保護者、介護者などからの相談に応じ、必要な情報提供等の支援を行なうとともに、虐待の防止や権利擁護のために必要な援助を行なう。また、(自立支援)協議会を設置し、地域の相談支援体制やネットワークの構築を行なう ・基幹相談支援センター等の機能強化 地域における相談支援の中核的役割を担う機関として、総合的な相談業務の実施や地域の相談体制の強化の取り組み等を行なう
	成年後見制度利用支援	補助を受けなければ成年後見制度の利用が困難である人を対象に、費用を助成する
	成年後見制度法人後見支援	市民後見人を活用した法人後見を支援するための研修等を行なう
	意思疎通支援	聴覚、言語機能、音声機能、視覚等の障害のため、意思疎通を図ることに支障がある人とその他の人の意思疎通を仲介するために、手話通訳や要約筆記、点訳等を行なう者の派遣などを行なう
	日常生活用具給付等	障害のある人等に対し、自立生活支援用具等日常生活用具の給付又は貸与を行なう
	手話奉仕員養成研修	手話で意思疎通支援を行なう者を養成する
	移動支援	屋外での移動が困難な障害のある人について、外出のための支援を行なう
	地域活動支援センター	障害のある人が通い、創作的活動又は生産活動の提供、社会との交流の促進等の便宜を図る
	その他 (任意事業)	市町村の判断により、基本的人権を享有する個人としての尊厳にふさわしい日常生活又は社会生活を営むために必要な事業を行なう。たとえば、福祉ホームの運営、訪問入浴サービス、日中一時支援がある
都道府県事業	専門性の高い相談支援	発達障害、高次脳機能障害など専門性の高い相談について、必要な情報提供等を行なう
	広域的な支援	都道府県相談支援体制整備事業や精神障害者地域生活支援広域調整等事業など、市町村域を超える広域的な支援が必要な事業を行なう
	専門性の高い意思疎通支援を行う者の養成・派遣	意思疎通支援を行なう者のうち、特に専門性の高い者を養成、又は派遣する事業を行なう。(手話通訳者、要約筆記者、盲ろう者向け通訳・介助員、失語症者向け意志疎通支援者の養成又は派遣を想定)
	意思疎通支援を行う者の派遣に係る連絡調整	手話通訳者、要約筆記者の派遣に係る市町村相互間の連絡調整を行なう
	その他の事業 (研修事業を含む)	都道府県の判断により、基本的人権を享有する個人としての尊厳にふさわしい日常生活又は社会生活を営むために必要な事業を行なう。たとえば、オストメイト社会適応訓練、音声機能障害者発声訓練、発達障害者支援体制整備などがある。また、サービス・相談支援者、指導者などへの研修事業等を行なう

03 利用者ごとに給付される自立支援給付

介護給付と訓練等給付の給付対象

▶介護給付とは

介護給付は、居宅介護、重度訪問介護、同行援護、行動援護、療養介護、生活介護、短期入所、重度障害者等包括支援、施設入所支援を利用した際に利用者へ個別に給付されますが、多くは法定代理受領を利用してサービスを提供した事業者へ支払われます。

また、申請から支給決定までの間にやむを得ずサービスを受けた場合は、特例介護給付として障害者総合支援法に基づき、後日、支給されます。

なお、都道府県により指定を受ける際の要件を満たしていない事業者である基準該当事業所からサービスを受けた場合にも、特例介護給付として支給されることとなります。

▶訓練等給付とは

訓練等給付は、自立訓練（機能訓練・生活訓練）のほか、就労移行支援、就労継続支援、就労定着支援、自立生活援助、共同生活援助を受けた際に利用者へ個別に給付されます。

また、介護給付と同様、申請から支給決定までの間にやむを得ずサービスを受けた場合は、特例訓練等給付として障害者総合支援法に基づき支給されます。

なお、基準該当事業所からサービスを受けた場合にも、特例訓練等給付として支給されることとなります。

介護給付の概要（日中サービスの場合）

	療養介護	生活介護
給付の種類	介護給付	
利用者	医療を要する障害者であって、かつ、常時介護を要し、障害程度が一定以上の者	常時介護を要する障害者であって、障害程度が一定以上の者
サービス内容	療養上の管理や医学的管理のもとでの介護　など	入浴、排泄、食事などの介護や生産活動の機会の提供　など
利用期限	制度上、期限の定めあり	
夜間の生活の場	病院	施設入所支援の利用可

訓練等給付の概要

	自立訓練 効果的にサービスを提供するため、利用者の状況に応じ、通所と訪問を組み合わせ、段階的に実施。必要に応じ、施設入所などの利用も可能とする	
	（機能訓練）	（生活訓練）
給付の種類	訓練等給付	
利用者	地域生活を営むうえで、身体機能の維持・回復などの必要がある身体障害者であって、下記の条件に該当する者 （1）病院を退院し、身体的リハビリテーションの継続や社会的リハビリテーションの実施が必要な身体障害者 （2）盲・聾・養護学校を卒業し、社会的リハビリテーションの実施が必要な身体障害者	地域生活を営むうえで、生活能力の維持・向上などの必要がある知的障害者・精神障害者であって、下記の条件に該当する者 （1）病院や施設を退院、退所し、社会的リハビリテーションの実施が必要な知的障害者・精神障害者 （2）養護学校を卒業し、社会的リハビリテーションが必要な知的障害者・精神障害者
サービス内容	身体的リハビリテーションの実施 など	社会的リハビリテーションの実施 など
利用期限	制度上、期限の定めあり	
夜間の生活の場	地域の社会資源の状況から通所が困難であるなど、一定の条件に該当する場合に、入所施設の利用可	

利用者像の考え方

原　　則：障害の程度により対象者を決定

特定要因：一定の年齢以上といった特定の条件に該当する場合、低い障害程度も対象とする

訓練等給付

原　則：利用希望者は原則対象とし、サービス内容に適合しない場合は対象外

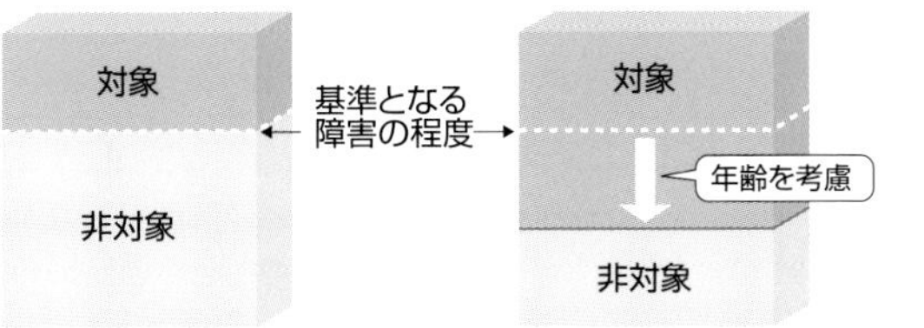

対象
（優先順位を支給決定段階で判断する）
非対象

04 介護給付で受けられる障害福祉サービス

居宅介護、行動援護、療養介護など

居宅介護と重度訪問介護

居宅介護とは、支援費制度で位置づけられていたホームヘルプサービスと呼ばれるサービスで、自宅で入浴、排泄、食事などの介護を提供します。

重度訪問介護は、重度の肢体不自由者あるいは重度の知的障害者、重度の精神障害者であって、常時介護を必要とする障害者に対し、食事や排泄などの身体介護、調理や洗濯などの家事援助、コミュニケーション支援、外出時における移動介護などを総合的に提供するため、障害者自立支援法で制度化されました。

重度訪問介護は、入院時も継続可能

2018年４月施行の改正法により、日常的に重度訪問介護を利用している最重度の障害者であって、医療機関に入院した者（障害支援区分６の者を想定）に対して、重度訪問介護のヘルパーが継続して訪問できるようになりました。

障害者のなかには、急な環境変化などによって、強い不安や恐怖等を感じ、混乱（パニック）する人もいます。入院中の医療機関においても、利用者の状態を熟知している同じヘルパーから引き続きサービスの提供を受けられるようにすることで、それぞれ異なる特殊な介護方法（例：体位交換）や生活習慣などについて、医療従事者などに的確に伝達し、病室などの環境調整や改善、適切な対応につなげることができるからです。

なお、通院については移動中の支援として対応できることにな

っています。

▶外出時の支援サービス

行動援護とは、知的障害または精神障害により行動上著しい困難を有する障害者・障害児であって、常時介護を必要とする人に対し、行動時の危険を回避するための援護や外出時の移動を提供する制度です。

対象者は、自閉症やてんかんなどを有する重度の知的障害者・知的障害児や、統合失調症などを有する重度の精神障害者・精神障害児であって、危険回避ができない人です。また、自傷、異食、徘徊といった危険などを回避するための援護を含みます。

同行援護とは、視覚障害のため移動に著しい困難を有する障害者・障害児に対し、地域での暮らしを支援するため、移動に必要な情報の提供（代筆、代読を含む）、日常的な買い物といった移動の援護などの外出支援を行ないます。

▶重度障害者等包括支援とは

常時介護を必要とする障害者・障害児が、介護の必要度が著しく高い場合に、サービス利用計画に基づき居宅介護などを包括的に提供するのが、重度障害者等包括支援です。

▶介護者が病気などで介護できない場合のサービス

短期入所とは、自宅で障害者の介護を行なう人が病気などの理由で介護ができない場合に、障害者・障害児が障害者支援施設などへ月３日程度短期入所し、入浴、排泄、食事の介護などを利用することです。

▶施設に入所している障害者へのサービス

施設入所支援とは、夜間において介護が必要な人、通所が困難である自立訓練または就労移行支援の利用者である障害者に対して、主に夜間に入浴、排泄、食事の介護や日常生活上の相談支援などを提供します。

▶療養介護とは

病院などへの長期の入院による医療的ケアに加え、常時介護を必要とする障害者に対して、主として昼間に病院や施設での機能訓練、療養上の管理、看護、医学的管理のもとでの介護、日常生活上のサービスを提供するのが**療養介護**です。利用期間は定められていません。

利用者像としては、筋萎縮性側索硬化症（きんいしゅくせいそくさくこうかしょう）（ＡＬＳ）患者など気管切開をともなう人工呼吸器による呼吸管理を行なっている人で、障害支援区分６、あるいは筋ジストロフィー患者または重症心身障害者で障害支援区分５以上の人を想定しています。

▶生活介護とは

地域や入所施設において安定した生活を営むため、常時介護を必要とする障害者に対し、主として昼間に障害者入所支援施設などで入浴、排泄、食事の介護、創作的活動または生産活動の機会などを提供する事業を**生活介護**といいます。利用期間は定められていません。

利用者像として、障害支援区分３（施設入所の場合は４）以上、または50歳以上の障害者の場合は障害支援区分２（施設入所の場合は３）以上の人を想定しています。

05 訓練等給付で受けられる障害福祉サービス

自立訓練、就労移行支援、就労継続支援など

自立訓練には２つの種類がある

障害者に対して、自立した日常生活または社会生活を営むことができるように、入所施設・病院を退所・退院した人に、身体機能または生活能力の維持・向上のための訓練などを実施、提供するのが自立訓練です。利用については期限の定めを設けるものとされています。

自立訓練は、機能訓練と生活訓練に分けられています。機能訓練は身体障害者のリハビリテーションの継続や身体機能の維持回復などに必要な訓練を行ないます。生活訓練は知的障害者と精神障害者の生活能力の維持、向上などに必要な訓練を行ないます。

就労移行支援とは

一般就労などを希望する障害者に対して、一定期間、実習や職場探しを通じ、就労に必要な知識、能力の向上のために必要な訓練などを行なうのが就労移行支援です。これは、有期限のプログラムに基づき利用期限を設けるものとされています。

２つのタイプがある就労継続支援

就労継続支援とは、通常の企業に就労することが難しい障害者に対して、就労の機会や生産活動などの機会を提供することによって、その知識や能力の向上を図る訓練を行なうことです。利用期限は定められていません。

就労継続支援にはＡ型（雇用型）、Ｂ型（非雇用型）の２つのタイプがあります。

A型は雇用契約に基づく就労が可能と見込まれる障害者であって、就労移行支援事業で一般企業の雇用に結びつかなかった人、特別支援学校を卒業して雇用に結びつかなかった人、一般企業を離職した人や就労経験のある人が対象となります。

B型は就労の機会を通じて、生産活動に関する知識や能力の向上が期待される人で就労移行支援事業により一般企業の雇用に結びつかなかった人、一般企業などで就労経験のある人で年齢や体力の面から雇用されることやA型での就労が困難な人、一定の年齢に達している人や障害基礎年金受給者等が対象となります。

▶共同生活援助とは

共同生活援助（グループホーム）は、居住支援に位置づけられた知的障害者、精神障害者を対象としたサービスです。

利用者は、日中、就労または就労継続支援等のサービスを利用し、夜間や休日、共同生活を行なう住居としてのグループホームで相談や日常生活上の援助を受けます。

介護については、介護の提供を事業所自らが行なう**介護サービス包括型**と、外部の居宅介護事業者などグループホーム外の介護を利用する**外部サービス利用型**、また常時介護を必要とする者に対しては、**日中サービス支援型**が設けられています。

▶自立生活援助とは

自立生活援助とは、障害者支援施設やグループホーム等を利用していた障害者で一人暮らしを希望する人などを対象とした地域生活を支援するサービスです。2018年度から導入されました。

一定の期間にわたり、週１～２回程度定期的に利用者の居宅を訪問し、

・食事、洗濯、掃除などに課題はないか

・公共料金や家賃に滞納はないか
・体調に変化はないか、通院しているか
・地域住民との関係は良好か

などについて確認を行ない、必要な助言や医療機関等との連絡調整を行なうほか、定期的な訪問だけではなく、利用者からの相談・要請があった際は、訪問、電話、メール等による随時の対応も行ないます。

▶就労定着支援とは

就労定着支援とは、就労移行支援等を利用し一般就労に移行した障害者の就労に伴う生活上の支援ニーズに対応できるよう、事業所・家族との連絡調整等の支援を一定期間にわたり行なうもので、2018年度に創設されたものです。

就労移行支援、就労継続支援、生活介護、自立訓練の利用を経て一般就労へ移行した障害者で、就労に伴う環境変化により生活面の課題が生じている者を対象として、障害者との相談を通じて生活面の課題を把握するとともに、企業や関係機関等との連絡調整やそれに伴う課題解決に向けて必要となる支援を実施します。

指定就労定着支援事業所は、利用者の自宅・企業等を訪問することにより、月１回以上は障害者との対面支援を行ない、月１回以上は企業訪問を行なうよう努めることとされています。

サービスの利用期間は３年を上限とし、３年経過後は障害者就業・生活支援センター等へ引き継ぐこととなります。

❖障害福祉サービスの利用者

給付等体系			対象			分類	障害支援区分	利用者像・障害支援区分等
			身体	知的	精神			
自立支援給付	介護給付	居宅介護（身体介護・家事援助）	○	○	○	訪問系	1～	ホームヘルプサービス。区分1以上。（障害児はこれに相当する状態）
		重度訪問介護	○	○	○	訪問系	4～一部	常時介護を要する障害者。区分4以上で、次のいずれかに該当すること。①二肢以上に麻痺があり、かつ認定調査項目のうち「歩行」「移乗」「排尿」「排便」のいずれもが「支援が不要」以外に認定されていること。②認定調査項目のうち行動関連項目等（12項目）の合計点数が10点以上。
		同行援護	○	－	－	訪問系	－	アセスメント調査票による項目中「視力障害」「視野障害」「夜盲」のいずれかが1点以上かつ「移動障害」が1点以上の者。
		行動援護	－	○	○	訪問系	3～一部	知的障害又は精神障害により行動上著しい困難を有する障害者で、常時介護を要する者。区分3以上で、認定調査項目のうち行動関連項目等（12項目）の合計点数が10点以上である者。（障害児はこれに相当する状態）
		重度障害者等包括支援	○	○	○	訪問系	6	常時介護を要する障害者で、その介護の必要の程度が著しく高い者。区分6に該当する者のうち、意思疎通に著しい困難を有する者で、次の①か②に掲げる者。①重度訪問介護の対象者で、四肢全てに麻痺等があり、寝たきり状態にある障害者のうち、次のいずれかに該当する者。（ア）人工呼吸器による呼吸管理を行っている身体障害者。（イ）最重度知的障害者。②認定調査項目のうち行動関連項目等（12項目）の合計点数が10点以上である者。個々の利用者のニーズや介護者の状況等により、居宅介護や短期入所、通所サービス等のサービスを組み合わせて提供。
		生活介護	○	○	△	日中活動系	2又は3～	常時介護が必要な障害者であって、次のいずれかに該当。①区分3（併せて施設入所支援を利用する場合は区分4）以上、②50歳以上は区分2（併せて施設入所支援を利用する場合は区分3）以上。
		療養介護	○	△	△	日中活動系	5～又は6	病院等への長期入院に加え、常時の介護が必要な障害者で次のいずれかに該当。①区分6で人工呼吸器による呼吸管理を行っている者。②区分5以上で筋ジストロフィー患者又は重症心身障害者。
		短期入所	○	○	○	同上	1～	ショートステイ。区分1以上。
		施設入所支援	○	○	○	居住系	3又は4～、通所困難	夜間において、介護等が必要な次のいずれかの者。①生活介護利用者のうち、区分4以上（50歳以上は、区分3以上）。②自立訓練又は就労移行支援の利用者のうち、通所することが困難である者。
	訓練等給付	自立訓練（機能訓練）	○	－	－	日中活動系	－	身体的リハビリテーション（サービス提供期間は1年6ヵ月以内）
		自立訓練（生活訓練）	－	○	○	日中活動系	－	社会的リハビリテーション（サービス提供期間は2年以内。入所・入院の場合は3年以内）
		就労移行支援	○	○	○	日中活動系	－	企業等への雇用又は在宅就労が見込まれる障害者（65歳未満）に対し就労に必要な訓練。サービス提供期間2年以内。（あん摩マッサージ指圧師、はり師又はきゅう師の資格取得は3年又は5年）
		就労継続支援（A型）	○	○	○	日中活動系	－	当該事業所において雇用契約に基づく就労が可能と見込まれる障害者（利用開始時に65歳未満）。利用期間制限なし。
		就労継続支援（B型）	○	○	○	日中活動系	－	就労移行支援や就労経験者及び50歳に達している障害者。利用期間制限なし。
		就労定着支援	○	○	○	－	－	就労移行支援、就労継続支援等の利用を経て一般就労した者で、一般就労後6カ月を経過した者（サービス提供期間は3年以内）
		自立生活援助	○	○	○	－	－	障害者施設やグループホーム、精神科病院等から地域での一人暮らしに移行した者等（サービス提供期間は1年以内）
		共同生活援助	○	○	○	居住系	－	グループホーム。
	相談支援給付	地域相談支援	○	○	○	－	－	障害者（児）の地域移行支援及び地域定着支援。
		計画相談支援	○	○	○	－	－	障害者（児）のサービス利用支援及び継続サービス利用支援。
	自立支援医療	更生医療	○	－	－	医療	－	18歳以上の身体障害者の障害の軽減・機能改善（人工透析、人工股関節手術、心臓手術など）
		育成医療	○	－	－	医療	－	18歳未満の身体障害児の手術などの医療（更生医療に比べ対象は広い。斜視、股関節、心臓等の手術、人工透析など）
		精神通院医療	－	－	○	医療	－	精神障害者の通院医療
	補装具	補装具	○	－	－	－	－	車椅子、義足義手、白杖、補聴器など。点字器、歩行補助つえ（1本つえ）等は日常生活用具へ。新たに重度障害者用意思伝達装置。世帯の中に市町村民税所得割額が46万円以上の者がいる場合は対象外。
地域生活支援事業	市町村地域生活支援事業	相談支援事業	○	○	○	－	－	基幹相談支援センター等機能強化事業、住宅入居等支援事業（居住サポート事業）
		成年後見制度利用支援事業	－	○	○	－	－	障害福祉サービスの利用の観点から成年後見制度を利用することが有用であり、補助を受けなければ利用が困難であると認められる者。
		意思疎通支援事業	○	－	－	－	－	手話通訳者派遣事業、要約筆記者派遣事業、手話通訳設置事業
		日常生活用具給付等事業	○	○	○	－	－	重度障害者等の日常生活の便宜を図るための自立生活支援用具等の日常生活用具を給付又は貸与。
		移動支援事業	○	○	○	訪問系	－	屋外での移動が困難な障害者等に対する外出支援（個別支援型／グループ支援型／車両移送型の利用形態を想定。）
		地域活動支援センター	○	○	○	日中活動系	－	通所による創作的活動又は生産活動の機会の提供、交流促進等を行う。
		その他事業	－	○	○	－	－	福祉ホーム、盲人ホーム、訪問入浴、生活訓練等、社会参加支援事業、日中一時支援事業など

地域生活支援事業	都道府県地域生活支援事業	専門性の高い相談支援事業	○	○	○	−	−	発達障害者支援センター運営事業、高次脳機能障害支援普及事業
		専門性の高い意思疎通支援を行う者の養成研修事業	○	−	−	−	−	手話通訳者・要約筆記者、盲ろう者向け通訳・介助員、失語症者向け意思疎通支援者 ※手話通訳・要約筆記には遠隔手話通訳、遠隔要約筆記を含む。
		専門性の高い意思疎通支援を行う者を派遣する事業	○	−	−	−	−	手話通訳者・要約筆記者、盲ろう者向け通訳・介助員、失語症者向け意思疎通支援者 ※手話通訳・要約筆記には遠隔手話通訳、遠隔要約筆記を含む。
		広域的な支援事業	○	○	○	−	−	相談支援体制整備事業
		サービス・相談支援者、指導者育成事業	○	○	○	−	−	研修事業（サービス管理責任者・相談支援従事者・障害支援区分認定調査員など）、市町村身体・知的障害者相談員研修事業
		その他事業	○	○	○	−	−	オストメイト社会適応訓練等の日常生活支援事業、レクリエーション活動等の社会参加支援事業など
地域生活支援促進事業	市町村地域生活支援事業	障害者虐待防止対策支援事業	○	○	○	−	−	障害者虐待の未然防止や早期発見、迅速な対応のための体制整備、障害者虐待防止・権利擁護に関する研修の実施、連携協力体制の整備、普及啓発など
		発達障害児者及び家族等支援事業	−	−	○	−	−	発達障害児者及び家族に対する支援体制の構築
		その他事業	○	○	○	−	−	地域生活支援モデル事業、成年後見制度普及啓発事業
	都道府県地域生活支援促進事業	障害者虐待防止対策支援事業	○	○	○	−	−	障害者虐待の未然防止や早期発見、迅速な対応のための体制整備、障害者虐待防止・権利擁護に関する研修の実施、連携協力体制の整備、普及啓発など
		発達障害児者及び家族等支援事業	−	−	○	−	−	発達障害児者及び家族に対する支援体制の構築
		障害者就業・生活支援センター事業	○	○	○	−	−	就職や職場への定着が困難また、就業経験のない障害者に対し、就業及び社会生活上の支援を行い、就業生活における自立を図る。
		その他事業	○	○	○	−	−	強度行動障害支援者養成研修事業、工賃向上計画支援等事業、身体障害者補助犬育成促進事業など

※　地域生活支援事業、地域生活支援促進事業は、市町村ごとに内容が異なりますので詳細は各市町村へお問い合わせください。

（出所）京都府「障害者総合支援法サービス体系表（概要）」

❖児童福祉法サービスの利用者

サービス体系等		分類	対象利用者・概要等
障害児支援給付	児童発達支援	通所系	乳幼児健診等で集団療育及び個別療育を行う必要があると認められた未就学の障害児
	医療型児童発達支援	通所系	肢体不自由（上肢、下肢又は体幹の機能障害）があり、理学療法等の機能訓練又は医学的管理下での支援が必要であると認められた障害児
	放課後等デイサービス	通所系	学校教育法第１条に規定している学校（幼稚園及び大学を除く。）に就学しており、授業の終了後又は休業日に支援が必要と認められた障害児
	居宅訪問型児童発達支援	訪問系	重度の障害の状態その他これに準ずる状態にあり、児童発達支援、医療型児童発達支援又は放課後等デイサービスを受けるために外出することが著しく困難であると認められた障害児 ※重度の障害の状態その他これに準ずる状態 ①人工呼吸器を装着している状態その他の日常生活を営むために医療を要する状態 ②重い疾病のため感染症にかかる恐れがある状態
	保育所等訪問支援	訪問系	保育所、幼稚園、認定こども園、小学校、特別支援学校、その他児童が集団生活を営む施設に通う障害児であって、当該施設を訪問し、専門的な支援が必要と認められた障害児
	福祉型障害児入所施設	入所系	施設に入所し、保護、日常生活の指導及び知識技能の付与を受ける障害児
	医療型障害児入所施設	入所系	施設に入所又は指定発達支援医療機関に入院し、保護、日常生活の指導及び知識技能の付与並びに治療を受ける障害児
相談支援給付	障害児相談支援	−	・障害児支援利用援助 通所給付決定の申請若しくは変更の申請に係る障害児の保護者 ・継続障害児支援利用援助 指定障害児相談支援事業者が提供した障害児支援利用援助により「障害児支援利用計画」が作成された通所給付決定保護者

（出所）京都府「児童福祉法サービス体系表（概要）」

06 障害児を対象とした障害福祉サービス

児童福祉法により根拠規定を一本化

▶サービス体系の再編

障害児を対象とした施設・事業は、措置制度から契約制度、そして支援費制度に変わりましたが、障害者自立支援法においても障害児サービス全体の見直しが行なわれました。

この見直しにより、児童福祉法に基づく施設入所等、障害者自立支援法に基づく児童デイサービスなど、予算事業として実施されてきた重症心身障害児（者）通園事業は、2012年４月より児童福祉法に根拠規定が一本化され、体系も再編されました。

障害児を対象とするサービスは、大きく「通所支援」と「入所支援」の２種類に分かれます。

対象となる障害児施設は、知的障害児施設、知的障害児通園施設、盲ろうあ児施設、肢体不自由児施設、重症心身障害児施設などです。

▶在園期間の延長措置

18歳以上の障害児施設入所者または放課後等デイサービスの利用者については、障害者総合支援法に基づくサービスが提供されますが、引き続き、同じサービスを受けなければその福祉を損なうおそれがあると認められたときは、満20歳に達するまで利用することができます。

また、現在入所している人のうち、障害の程度が重症である場合は、満18歳に達した後の延長利用が可能で、重症心身障害児施設においては、満18歳を超えても施設の利用が可能です。

❖児童福祉法による障害児を対象とした支援サービス

市町村

障害児通所支援	児童発達支援	児童福祉施設として位置づけられる「児童発達支援センター」と「児童発達支援事業」の2類型に大別される 様々な障害があっても身近な地域で適切な支援が受けられる
	医療型 児童発達支援	**①児童発達支援センター／医療型児童発達支援センター** 通所支援のほか、身近な地域の障害児支援の拠点として、「地域で生活する障害児や家族への支援」、「地域の障害児を預かる施設に対する支援」を実施するなどの地域支援を実施する。医療の提供の有無によって、「児童発達支援センター」と「医療型児童発達支援センター」に分かれる **②児童発達支援事業** 通所利用の未就学の障害児に対する支援を行なう身近な療育の場
	放課後等 デイサービス	・就学中の障害児に対して、放課後や夏休み等の長期休暇中において、生活能力向上のための訓練等を継続的に提供する ・学校教育と相まって障害児の自立を促進するとともに、放課後等の居場所づくりを推進する
	居宅訪問型児童発達支援	重度の障害等により外出が著しく困難な障害児の居宅を訪問して発達支援を行なう
	保育所等訪問支援	保育所等※を現在利用中の障害児、今後利用する予定の障害児に対して、訪問により、保育所等における集団生活への適応のための専門的な支援を提供し、保育所等の安定した利用を促進する。2018（平成30）年4月の改正により、乳児院・児童養護施設に入所している障害児も対象として追加された ※保育所、幼稚園、小学校、放課後児童クラブ、乳児院、児童養護施設等

都道府県

障害児入所支援	福祉型障害児 入所施設	施設に入所している障害児に対して、保護、日常生活の指導及び知識技能の付与を行なう
	医療型障害児 入所施設	施設に入所又は指定医療機関に入院している障害児に対して、保護、日常生活の指導及び知識技能の付与並びに治療を行なう

■医療的ケア児の利用

・人工呼吸器や胃ろう等を使用し、たんの吸引や経管栄養などの医療的ケアが日常的に必要な「医療的ケア児」も、居宅介護や短期入所等の障害福祉サービスを利用することができる
・NICU等での集中治療を経て退院した直後であっても、医師による医療的ケアの必要性等に係る判断によりサービスを利用できる

07 義肢、装具、車椅子など補装具利用への給付

購入・修理・貸与にかかる費用を補助

▶補装具と認められる要件

障害者や障害児が日常生活を送るうえで必要な移動等の確保や、就労場面での能率向上を図ることなどを目的として、「補装具」を活用することがあります。補装具とは、以下の３つの要件をすべて満たすものとされています。

- 身体の欠損または損なわれた身体機能を補完、代替するもので、障害個別に対応して設計・加工されたもの
- 身体に装着（装用）して日常生活または就労・就学に用いるもので、同一製品を継続して使用するもの
- 給付に際して専門的な知見（医師の判定書または意見書）を要するもの

また、障害の種類によって、次ページの表のような種目が補装具対象とされています。

補装具にかかる費用は、その種類（材質や形状）、用途などによって細かく設定されています。くわしくは、居住している市町村の窓口で確認してみましょう。また、厚生労働省のホームページ（https://www.mhlw.go.jp/）にも、「補装具種目一覧」として参考価格と耐用年数が示されています。

▶補装具費支給制度

障害者・障害児の保護者からの申請に基づき、この補装具の購入、修理に対して市町村がかかった費用の一部を補助するかたちで、利用者へ個別に給付されるものが**補装具費**です。

❖補装具の具体例

障害の種類	種目
肢体不自由	義肢（義手、義足）、装具、座位保持装置、車椅子、電動車椅子、歩行器、歩行補助杖（カナディアン・クラッチ、ロフストランド・クラッチ、多点杖、松葉杖） （※18歳未満のみ　座位保持椅子、起立保持具、頭部保持具、排便補助具）
重度の肢体不自由かつ音声・言語障害	重度障害者用意思伝達装置
視覚障害	盲人安全杖、義眼、眼鏡（矯正眼鏡、遮光眼鏡、コンタクトレンズ、弱視眼鏡）
聴覚障害	補聴器、標準難聴用（箱形、耳掛形）、高度難聴用（箱形、耳掛形）、挿耳形（レディメイド、オーダーメイド）、骨導型（箱形、眼鏡形）

❖補装具費支給のしくみ

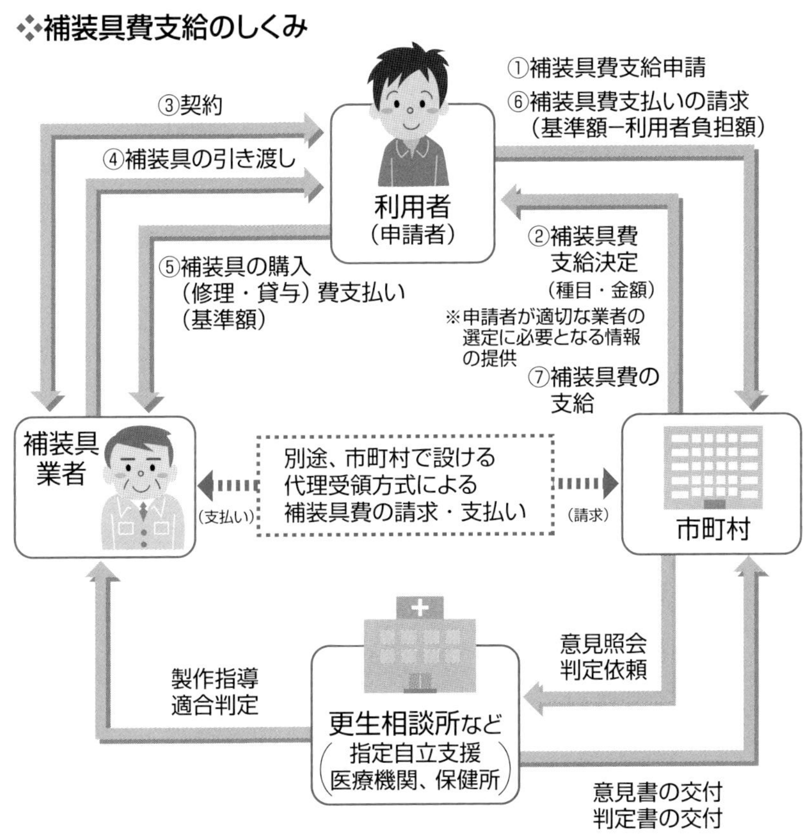

給付は、利用者が補装具の購入、修理を行ない、その費用の支払いを行なったうえで、市町村へ基準額から自己の負担額（原則１割）を除いた費用を請求する「償還払い方式」です。また、市町村は利用者の利便を考慮し、事業者の代理受領とすることも可能です。

「借り受け」も支給対象に

2018年４月施行の改正法により、補装具費の支給範囲が拡大され、対象品目の「購入」を基本とする原則は維持したうえで、障害者の利便性に照らして「障害児の成長に伴って短期間での交換が必要となるもの」や「障害の進行により、短期間の利用が想定されるもの」「仮合わせ前の試用」など「借り受け」が適切と考えられる場合に限り、借り受けも補装具費の支給対象となっています。

08 利用者の状況に応じたさまざまな給付制度

自立支援医療費、サービス等利用計画作成費など

自立支援医療費とは

自立支援医療費とは、指定自立支援医療機関から障害者・障害児が心身の障害の状態の軽減を図り、自立した日常生活または社会生活を営むために必要な医療を受けた場合に、利用者へ個別に支給される給付です。

これは、以前の身体障害者福祉法による更生医療、児童福祉法における育成医療、精神保健福祉法による精神通院医療を統合したものにあたります。

自立支援医療制度への移行

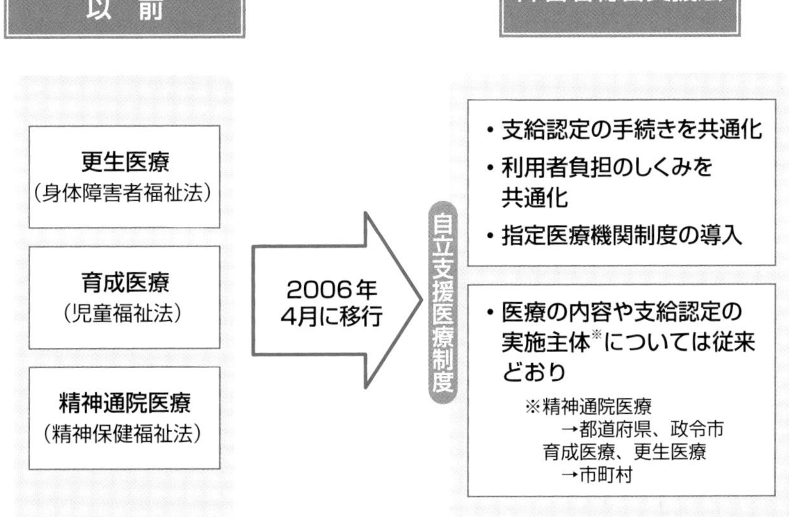

ケアマネジメント制度による支給

障害者総合支援法に基づくサービスの利用にあたって、障害者または障害児の保護者が支給決定を受けた際、特に計画的な支援を継続的に必要とする人に対し、サービス等利用計画を作成し、障害福祉サービス提供事業者・施設からのサービス利用の斡旋、調整、モニタリングなどの支援を受けることがあります。

このとき、指定相談支援事業者からの請求によって市町村から支給されるのが**サービス等利用計画作成費**です。これは、障害福祉サービスの適切な利用を進めるため、利用基準の見直しとして位置づけられたケアマネジメントが制度化されたものです。

利用者の自己負担額はなく、地域生活支援事業の相談支援の内容として位置づけられています。

高額障害福祉サービス等給付費

40歳以上で特定疾病に対して介護保険の適用を受ける障害者の場合、介護保険制度による訪問介護などの高齢者福祉サービスを利用しているなど、介護保険サービス、障害福祉サービス、補装具費、障害児（通所・入所）支援サービスから複数のサービスを利用していると、利用者負担額が著しく高額となることがあります。

このとき、家計に与える影響に配慮して支給されるのが**高額障害福祉サービス等給付費**です。これは、複数のサービス利用者がいる世帯にも配慮して、世帯における利用者負担は月額負担上限まで軽減されるものです。

同様に、同一の世帯に障害福祉サービスを利用する者が複数いる場合にも、世帯における利用者負担は月額負担上限額まで軽減されます。

▶特定障害者特別給付費とは

施設入所支援と障害者福祉サービスの支給決定を受けた障害者・障害児で、市町村民税の世帯非課税者である低所得者に対しては、支給決定有効期間内において指定障害者施設での食費や居住に要したいわゆるホテルコストのうち、光熱水費の一部が特定障害者特別給付費（補足給付）として支給されます。

また、介護給付と同様、障害者施設が基準該当施設であっても、特例特定障害者特別給付費として支給されます。

▶医療に限って支給する療養介護医療費

医療が必要な障害者・障害児が、常時介護も必要と認められた場合、主として昼間、病院や施設などで機能訓練、療養上の管理、看護、医学的管理のもとでの介護や、日常生活の世話を受けている場合に、医療に限って必要とした療養介護医療費を支給します。

また、介護給付と同様、障害者施設が基準該当施設であっても、基準該当療養介護医療費として支給されます。

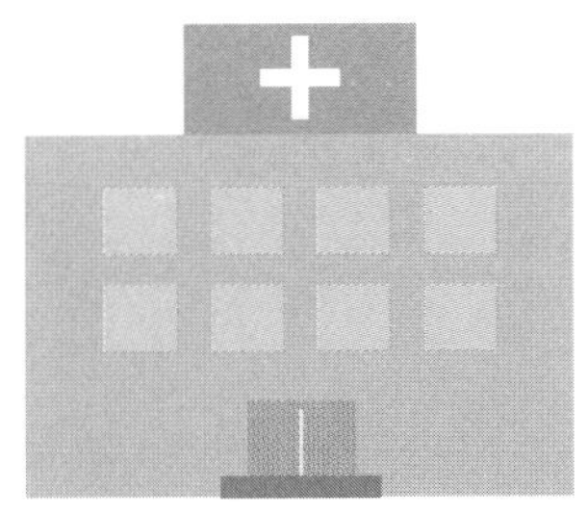

COLUMN

事業者参入を促す規制緩和

2003年から導入された支援費制度（障害者自らがサービスを選び、契約に基づいて利用する制度）における障害福祉サービスの考え方では、サービス提供にあたって必要な面積や、利用者の身体状況に応じた設備を確保していることが、事業者指定に必要な基準とされていました。このため、過分な費用の負担が開設当初から必要になったり、地域によっては必要な面積の確保が難しくなっていました。

そこで、障害福祉サービスの事業者の参入を促すため、2005年に成立した障害者自立支援法のもとでは、「運営基準」「施設基準」「運営主体」の規制緩和が積極的に行なわれました。

たとえば、事務室など直接サービス提供にかかわらない設備などについては、明文上の規定をしないこととなり、居室の床面積など施設の規模を定める規制も、サービスの質を維持するために必要最小限のものとされました。これによって、新たな事業者の参入が加速し、事業所や施設の拡充が各地で進められました。

さらに、ひとつの施設で異なる障害をもつ人にサービスを提供できるよう（もしくは特定の障害種別を対象にサービスを提供することも可能）、多機能型施設の制度化が図られました。また、障害福祉サービスの事業所として、空き教室や空き店舗、住宅の活用を促進するとともに、社会福祉法人のみならず、ＮＰＯ法人や株式会社などの営利法人なども参入可能になるよう、運営主体の規制緩和も行なわれました。

こうした規制緩和により、サービス拠点が少ない地域を抱える小規模な市町村でも、障害者福祉への取り組みが可能となりました。障害者１人ひとりにとって住み慣れた地域でサービスが利用しやすくなったのです。

地域によっては、空き教室や空き店舗の活用促進につながるとともに、新たな雇用の創出や福祉サービスの向上など、さまざまなかたちで地域の活性化にも貢献することが期待されました。

この規制緩和の流れは、現在の障害者総合支援法における「共生型サービス※」として実を結ぶこととなります。

※共生型サービス……介護保険または障害福祉のいずれかの指定を受けた事業所が、もう一方の制度における指定も受けやすくすることで、障害者（児）が65歳以上になっても、従来と同一の事業所でサービスを利用しやすくする制度

第4章

介護給付・訓練等給付の利用手続き

障害者総合支援法では、公平なサービスの利用を図るため、ケアマネジメントの制度化や障害支援区分の導入が行なわれています。

この章では、相談支援事業のしくみ、障害支援区分の判定のしかた、サービス利用の手続き、利用者負担などについて説明します。

01 適切な支給決定のための相談支援事業

公平なサービスの利用を促すしくみ

▶支援費制度とのちがい

支援費制度では、居宅サービスの支給決定については、市町村ごとに決定した支給量に基づく給付でした。

これに対し、障害者総合支援法では、利用者が暮らす市町村によって異なることのない公平なサービスの給付を促すため、相談支援事業やサービス等利用計画作成費の創設によるケアマネジメントが制度導入されました。

また、支援の必要度を測る客観的なものさしとして「障害支援区分」を導入し、利用者への給付の必要性をわかりやすくするとともに、不服審査会を設置し、手続きの透明化を図っています。

❖障害者総合支援法で見直されたポイント

	支援費制度の課題		障害者総合支援法で制度化
支給決定段階	・支援の必要度を判定する客観的基準（統一的なアセスメントや区分）がない ・支給決定のプロセスが不透明 ・ケアマネジメントの手法が活用されていない ・市町村職員などの対応にバラつきがある		・統一的なアセスメント、障害支援区分や市町村審査会の導入 ・相談支援事業者の活用 ・認定調査や支給決定に従事する職員などに対する研修の制度化
サービス利用段階	・支給決定後、サービス利用に結びつける支援がない ・特に手厚い支援を要する者に対し、継続的な支援が不十分		・計画的プログラムに基づく継続的支援を要する者に対するサービス利用計画作成費（個別給付）の制度化

❖強化された相談支援事業

事業名	内容
計画相談支援	• **サービス利用支援** 障害福祉サービスなどの申請にかかる支給決定前に、サービス等利用計画案を作成し、支給決定後に、サービス事業者などとの連絡調整などを行なうとともに、サービス等利用計画の作成を行なう • **継続サービス利用支援** 支給決定されたサービスなどの利用状況の検証（モニタリング）を行ない、サービス事業者などとの連絡調整などを行なう
地域相談支援	• **地域移行支援** 障害者支援施設、精神科病院、児童福祉施設を利用する18歳以上の者などを対象として、地域移行支援計画の作成、相談による不安解消、外出への同行支援、住居確保、関係機関との調整などを行なう • **地域定着支援** 居宅において単身で生活している障害者などを対象に常時の連絡体制を確保し、緊急時には必要な支援を行なう
基本相談支援	障害のある人や、その保護者などからの相談に応じて、必要な情報の提供や助言、関係機関との連絡調整や利用支援を行なう
障害児相談支援※	• **障害児支援利用援助** 障害児通所支援の申請にかかる支給決定前に、障害児支援利用計画案を作成し、支給決定後に、サービス事業者などとの連絡調整などを行なうとともに、障害児支援利用計画の作成を行なう • **継続障害児支援利用援助** 支給決定されたサービスなどの利用状況の検証（モニタリング）を行なうとともに、サービス事業者などとの連絡調整などを行なう

※サービス等利用計画・モニタリングは特定相談事業者が行なうが、障害児の入所サービス利用については、専門的な判断が必要なため、児童相談所で行なう

アセスメント：
利用者のニーズ、状況等を正しく把握するため、支援に先立って行なわれる一連の手続き（情報収集・事前評価など）のこと

▶ケアマネジメントの目的

支援費制度では、障害者やその家族への相談窓口（事業）が、制度上明確ではありませんでした。

そこで障害者総合支援法において、障害者個々の心身の状況、サービス利用の意向、家族の状況などを踏まえ、適切な支給決定やさまざまな種類のサービスが適切に組み合わされ、計画的に利用されることを目指して**ケアマネジメント**が導入されました。

▶相談支援事業の促進

ケアマネジメントの制度化により、相談支援事業を市町村の地域生活支援事業として位置づけるとともに、市町村自らが実施、もしくは市町村が相談事業を他の地方自治体や相談支援事業者に委託できるようになりました。

また、利用者自らが常にサービスの利用計画（セルフプラン）を組めるわけではありません。そのため、障害者総合支援法では計画的な支援を必要とする利用者を対象に、サービス利用の斡旋・調整を行なうための**サービス等利用計画作成費**の給付を規定しています。

さらに2010年の改正障害者自立支援法により、2012年４月１日からは、市町村の支給決定の前にサービス等利用計画案を作成し、支給決定の参考とすることが明文化されました。これは現在の障害者総合支援法でも踏襲されています。

なお、地域における相談支援事業を適切に実施していくため、市町村は地域の関係者で構成し、地域の課題共有と地域の基盤整備をしていくため、**協議会**（従来の地域自立支援協議会）を設置しています。

❖「障害者」の相談支援体系

サービス等利用計画

指定特定相談支援事業者（計画作成担当）

- ●計画相談支援（個別給付）
  - ・サービス利用支援
  - ・継続サービス利用支援
  - （・支給決定の参考 ・対象を拡大）
- ●基本相談支援（障害者・障害児などからの相談）

地域移行支援・地域定着支援

指定一般相談支援事業者

- ●地域相談支援（個別給付）
  - ・地域移行支援（地域生活の準備のための外出への同行支援・入居支援など）
  - ・地域定着支援（24時間の相談支援体制など）
- ●基本相談支援（障害者・障害児などからの相談）

※市町村が担う地域生活支援事業としての相談支援事業については変わらない

❖「障害児」の相談支援体系

サービス等利用計画　など

居宅サービス

指定特定相談支援事業者（計画作成担当）

- ●計画相談支援（個別給付）
  - ・サービス利用支援
  - ・継続サービス利用支援
  - （・支給決定の参考 ・対象を拡大）
- ●基本相談支援（障害者・障害児の保護者などからの相談）

通所サービス

障害児相談支援事業者　児童福祉法に基づき設置

- ●障害児相談支援（個別給付）
  - ・障害児支援利用援助
  - ・継続障害児支援利用援助

※「障害児相談支援事業者」の指定を受ける場合は、障害者総合支援法に基づくサービスと一体的な計画を作成する必要があるため、「特定相談支援事業者」の指定も合わせて受けることを想定

※障害児の入所サービスについては、児童相談所が専門的な判断を行なうため、障害児相談支援の対象外

02 市町村による相談支援の利用のしかた

サービス等利用計画作成から地域生活支援まで

▶相談支援を受ける手順

障害者が自立した日常生活または社会生活を営むことができるよう、身近な市町村を中心として、116ページ以降のような**相談支援事業**を実施しています。これによって、地域の実情に応じた柔軟な事業形態がとれることとなっています。

相談支援事業の利用者は、サービスの利用にあたり、市町村に相談、もしくは**指定相談支援事業者**に相談し、面接によるアセスメント、障害支援区分の認定を経て、サービス等利用計画を作成します。この相談、計画の作成をするのが**相談支援専門員**です。

相談支援事業者は、サービス事業者との連絡・調整などを行なうとともに、月１回以上は利用者宅へ訪問し、モニタリングを継続的に行ないます。

▶相談支援専門員の要件

相談支援専門員は、障害特性や障害者の生活実態に関する知識と経験が求められます。

そのため、①障害者の保健、医療、福祉の分野における相談支援その他の直接支援業務、②障害者の就労、教育の分野における相談支援業務の実務経験と、国または都道府県の実施する相談支援従事者研修（５日間程度）の受講を要件としており、現任研修を５年に１回以上、受講することが義務づけられています。

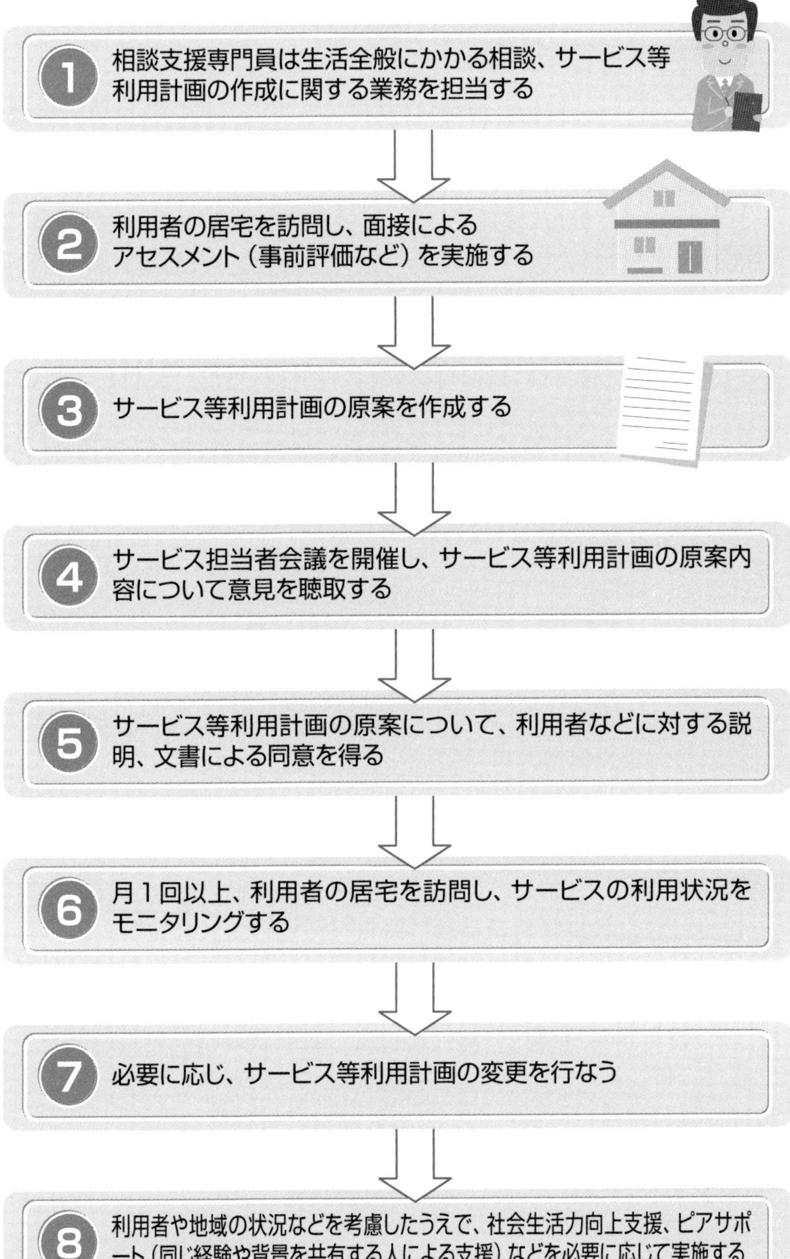
1 相談支援専門員は生活全般にかかる相談、サービス等利用計画の作成に関する業務を担当する
2 利用者の居宅を訪問し、面接によるアセスメント（事前評価など）を実施する
3 サービス等利用計画の原案を作成する
4 サービス担当者会議を開催し、サービス等利用計画の原案内容について意見を聴取する
5 サービス等利用計画の原案について、利用者などに対する説明、文書による同意を得る
6 月１回以上、利用者の居宅を訪問し、サービスの利用状況をモニタリングする
7 必要に応じ、サービス等利用計画の変更を行なう
8 利用者や地域の状況などを考慮したうえで、社会生活力向上支援、ピアサポート（同じ経験や背景を共有する人による支援）などを必要に応じて実施する

回サービス等利用計画が立てられない場合

（サービス等利用計画作成費の支給）

障害者で、サービス等利用計画についての相談および作成、サービスの利用状況の確認などの支援が特に必要と認められる人に対して、一定期間、集中的に支援するものです。

相談窓口	指定相談支援事業者
事業内容	市町村から対象者と認められた者について、サービス等利用計画の作成などを行なった場合は、サービス等利用計画作成費が支給される（本人は無料で集中的な支援を受けることができる）
対象者	サービス（重度障害者等包括支援および施設入所支援を除く）を利用する支給決定障害者等で、下記のいずれかに該当する場合 ①住環境（退院など）や生活環境（家族の入院、進学など）の変化があり、一定期間、集中的な支援を必要とする者 ②単身で生活している者（家族が要介護状態であるなど、同居していても適切な支援が得られない者を含む）であって、次の状態にあるために計画的な支援を必要とする者 ・知的障害や精神障害のため、自ら適切なサービス調整ができない者 ・極めて重度な身体障害のため、サービス利用に必要な連絡・調整ができない者 ③重度障害者等包括支援の対象者の要件に該当する人のうち、重度訪問介護など、他のサービスの支給決定を受けた者
期間	①の場合、６か月の範囲内（原則１回更新できる） ②および③の場合は、当該支給決定障害者にかかるサービスの支給決定の有効期間の範囲内

回一般的な相談をしたい場合（障害者相談支援事業）

障害者の福祉に関するさまざまな問題について、障害者などからの相談に応じ、必要な情報の提供、サービスの利用支援などを行なうほか、権利擁護のために必要な援助も行ないます。

また、こうした相談支援事業を効果的に実施するために、地域自立支援協議会を設置し、公平・中立な相談支援事業の実施や地域の関係機関の連携強化、社会資源の開発・改善を推進します。

相談窓口	市町村（または市町村から委託された相談支援事業者）

事業内容	・サービスを利用するための情報提供、相談 ・権利擁護のために必要な援助 ・専門機関の紹介　など ※内容は各市町村によって異なる
対象者	障害者やその保護者など

回一般住宅に入居して生活したい場合

（住宅入居等支援事業＝居住サポート事業）

賃貸契約により一般住宅（公営住宅および民間の賃貸住宅）への入居を希望しているが保証人がいないなどの理由により入居が困難な障害のある人に対し、入居に必要な調整などにかかる支援や、家主などへの相談・助言を通じて地域生活を支援します。

相談窓口	市町村（または市町村から委託された相談支援事業者など）
事業内容	・入居支援（物件斡旋依頼、入居契約手続き支援） ・24時間支援（緊急時などの対応） ・地域の支援体制にかかる調整（関係機関などとの連絡・調整）
対象者	障害者で、保証人がいないなどの理由により賃貸契約による一般住宅への入居が困難な者（ただし、現にグループホームなどに入居している者は除く）

回障害者本人でサービスの利用契約などができない場合

（成年後見制度利用支援事業）

知的障害者や精神障害者のうち判断能力が不十分な人について、サービスの利用契約の締結などが適切に行なわれるようにするため、成年後見制度（178ページ）の利用促進を図ります。

相談窓口	市町村（または市町村から委託された相談支援事業者など）
事業内容	成年後見制度の申し立てに要する経費（登記手数料、鑑定費用など）および後見人等報酬の全部または一部を助成する
対象者	サービスを利用または利用しようとする重度の知的障害者、精神障害者で、後見人等の報酬など必要経費の一部について助成を受けなければ、成年後見制度の利用が困難であると認められる者

地域の拠点となる基幹相談支援センター

社会福祉法人等による総合的な支援体制

▶地域に根づいた計画相談支援

地域によっては、相談支援事業者が複数存在することがあります。前項で説明したとおり、それぞれ運営母体によって扱う領域や事業内容も異なるため、利用者としては、どこに相談に行けばよいのか、わからないということもあるでしょう。そのようなときに頼りになるのが、**基幹相談支援センター**です。

地域の相談支援の拠点として、総合的な相談支援の実施（身体障害・知的障害・精神障害の３障害に対応）および成年後見制度利用支援事業を実施し、地域の実情に応じて、①専門的職員の配置、②地域移行・地域定着の促進、③地域の相談支援などの業務を行ない、支援体制の強化に取り組んでいます。

この基幹相談支援センターを設置できるのは、市町村または市町村が委託する社会福祉法人やNPO法人などです。また、１つの市町村で運営するのが難しい場合は、複数の市町村で設置することもあります。

相談支援事業で行なう内容には、次のようなものがあります。

①福祉サービスの利用援助（情報提供、相談など）
②社会資源を活用するための支援（助言・指導など）
③社会生活力を高めるための支援
④ピアカウンセリング（相談相手と同じ経験や背景を共有する人による相談支援）
⑤権利擁護のために必要な援助
⑥必要に応じて専門機関の紹介

❖基幹相談支援センターの役割イメージ

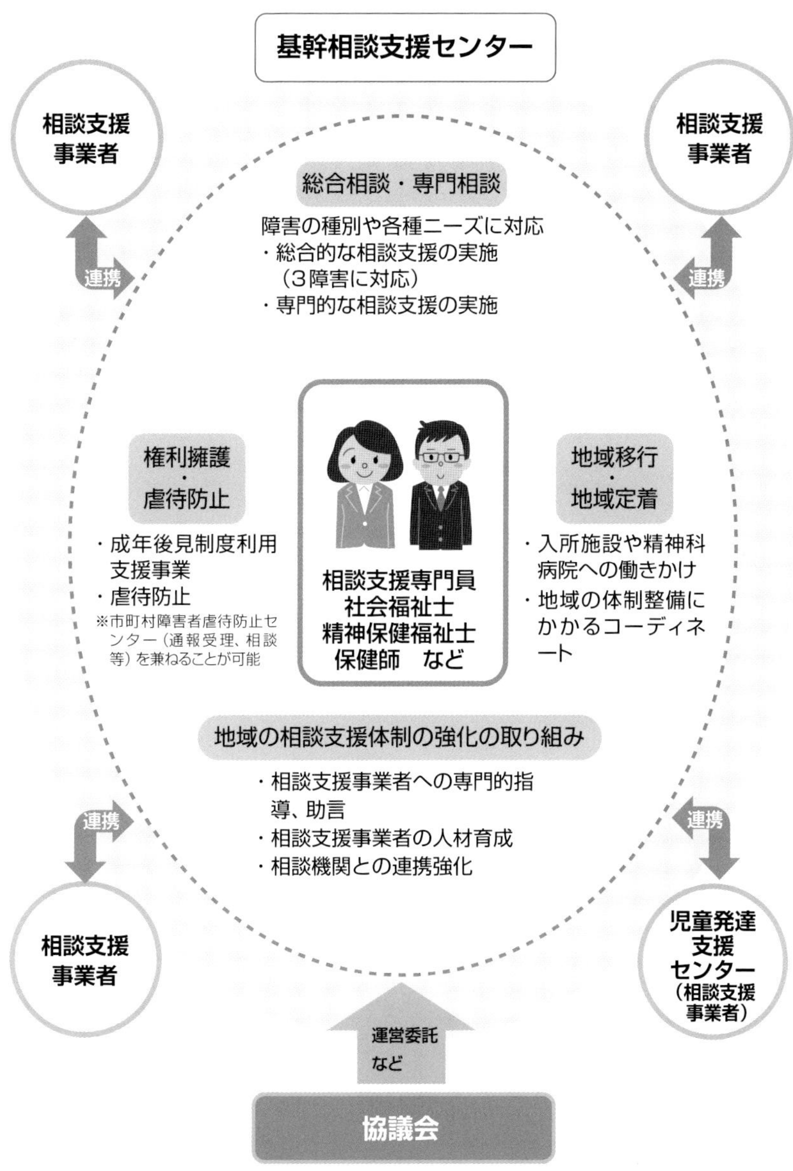

なお、2024年施行の改正により、基幹相談センターの設置促進、機能強化が図られています。

04 障害支援区分は どのように判定されるのか

個別の障害特性等を考慮した客観的なものさし

▶障害特性なども考慮した認定区分

介護給付による障害福祉サービスを利用するにあたっては、全国共通の**認定調査**を受けなければなりません。その際の客観的なものさしとなるのが「**障害支援区分**」です。

※訓練等給付を希望する場合は、区分認定は必要ありません。

必要とされる支援の度合によって「６段階」に区分され、利用できるサービスの種類や量が決まってきます。

通常、支援が決定するまでのプロセスには２段階あり、認定調査員が利用者の状況やその家族の意向を聞き取る「１次判定」と、その結果と医師の意見などを踏まえ、専門家によって構成される**市町村審査会**が行なう「２次判定」です。

❖介護給付における障害支援区分の認定プロセス

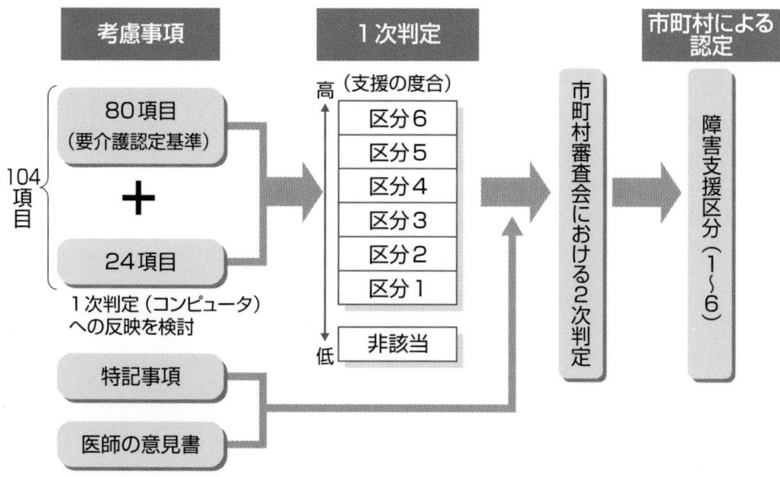

▶障害支援区分の認定調査

障害支援区分の認定調査は、市町村職員または市町村が認めた調査員が、利用者宅（あるいは施設等）を訪れ、本人や家族の基本情報をはじめ、現在受けている障害等級や福祉サービス、介護状況、生活環境など「利用者の概況」について確認します。

次に、利用者の心身の状況とともに、移動・動作、日常生活、行動障害、特別な医療など合計80項目について聞き取り調査が行なわれます。

調査項目にない事柄や調査員が判断に迷うような場合は、「特記事項」として記録され、障害支援区分を認定する際に審査会で考慮されます。こうして認定された区分によって、受けられるサービスの種類や量が決まります。

❖介護保険の要介護度と個別の障害特性等を考慮

要介護状態区分	本人の状態（例）		障害支援区分
要支援１	身の回りのことはおおむねできているが、生活上何らかの支援が必要	➡ 個別の状況を考慮	区分1～区分6で認定
要支援２	日常生活の中で身の回りのことに支援が必要		
要介護１	歩行が不安定で、身の回りのことや入浴などに介助が必要		
要介護２	立ち上がりや歩行が自分では難しいことが多く、衣服の着脱や身の回りのことなどに介助が必要		
要介護３	立ち上がりや歩行が難しく、衣服の着脱や身の回りのこと、排泄などに介助が必要		
要介護４	寝たきりに近い生活で、身の回りのことほとんどに介助が必要		
要介護５	寝たきり生活のため、食事を含めて日常生活すべてに介助が必要		

▶障害支援区分の有効期限

障害支援区分の有効期限は「原則３年」です。

ただし、「認定されたときの状況がどのくらい継続するか」という観点から、次のような場合には、有効期限を３か月～３年の間で短縮することができます。

◦身体上・精神上の障害の程度が変動しやすいと考えられるとき
◦施設から自宅へ移るなど環境が大きく変わるとき
◦審査会が必要と認めたとき

▶市町村審査会と都道府県審査会

介護給付の場合、障害支援区分の２次判定における判定や支給決定に際して意見を述べるために、市町村に支給決定に関する審査判定業務を行なう**市町村審査会**が設置されます。

また、市町村の委託を受けて都道府県が審査判定業務を行なう場合は、**都道府県審査会**が設置されます。

▶支給決定に不服があるときの申立先

障害者、障害児の保護者は、市町村が決定した障害支援区分の認定や支給決定について不服のある場合に、都道府県に設置された「障害者介護給付費等不服審査会」（**不服審査会**）に対して審査請求することができます。

なお、障害支援区分の認定や支給決定に対する不服以外で、サービスの利用における苦情については、都道府県に設置されている運営適正化委員会が対応機関として位置づけられています。

また、利用者が65歳以上で介護保険制度も活用している場合には、要介護認定などに関する不服申立ては介護保険審査会に行ないます。サービスの利用における苦情については、国民健康保険連合会が苦情を受けることとなります。

❖障害支援区分調査項目

①移動や動作等の関連する項目（12 項目）			
寝返り	起き上がり	座位保持	移乗
立ち上がり	両足での立位保持	片足での立位保持	歩行
移動	衣服の着脱	じょくそう	えん下

②身の回りの世話や日常生活等に関連する項目（16 項目）			
食事	口腔清潔	入浴	排尿
排便	健康・栄養管理	薬の管理	金銭の管理
電話等の利用	日常の意思決定	危険の認識	調理
掃除	洗濯	買い物	交通手段の利用

③意思疎通等に関連する項目（6 項目）			
視力	聴力	コミュニケーション	説明の理解
読み書き	感覚過敏・感覚鈍麻		

④行動障害に関連する項目（34 項目）				
被害的・拒否的	作話	感情が不安定	昼夜逆転	暴言暴行
同じ話をする	大声・奇声を出す	支援の拒否	徘徊	落ち着きがない
外出して戻れない	1人で出たがる	収集癖	物や衣類を壊す	不潔行為
異食行動	ひどい物忘れ	こだわり	多動・行動停止	不安定な行動
自らを傷つける行為	他人を傷つける行為	不適切な行為	突発的な行動	過食・反すう等
そう鬱状態	反復的行動	対人面の不安緊張	意欲が乏しい	話がまとまらない
集中力が続かない	自己の過大評価	集団への不適応	多飲水・過飲水	

⑤特別な医療に関連する項目（12 項目）			
点滴の管理	中心静脈栄養	透析	ストーマの処置
酸素療法	レスピレーター	気管切開の処置	疼痛の看護
経管栄養	モニター測定	じょくそうの処置	カテーテル

障害福祉サービスを利用するための手続き

利用状況に合わせた柔軟なプランづくり

▶サービス利用までの流れ

サービスの利用を希望する者は、市町村の窓口に申請し障害支援区分について認定を受けたうえで、利用者は**指定特定相談支援事業者**と**「サービス等利用計画案」**を作成し、市町村に提出します。

市町村は、提出された計画案や考慮すべき事項を踏まえ、支給決定します。

指定特定相談支援事業者は、支給決定された後にサービス担当者会議を開催し、サービス事業者等との連絡調整を行ない、実際に利用する**「サービス等利用計画」**を作成します。その後、サービス利用が開始されます。

▶障害児の場合

障害児については、居宅サービスの利用にあたっては、障害者総合支援法に基づく指定特定相談支援事業者が「サービス等利用計画案」を作成し、通所サービスの利用にあたっては、児童福祉法に基づく**指定障害児相談支援事業者**が**「障害児支援利用計画案」**を作成します。

なお、障害児の入所サービスについては、児童相談所が専門的な判断を行なうため障害児支援利用計画案の作成は必要ありません。ここで、指定特定相談支援事業者以外の者が作成したサービス等利用計画案（セルフプラン）を提出することもできます。

❖支給決定・サービス利用のプロセス（全体像）

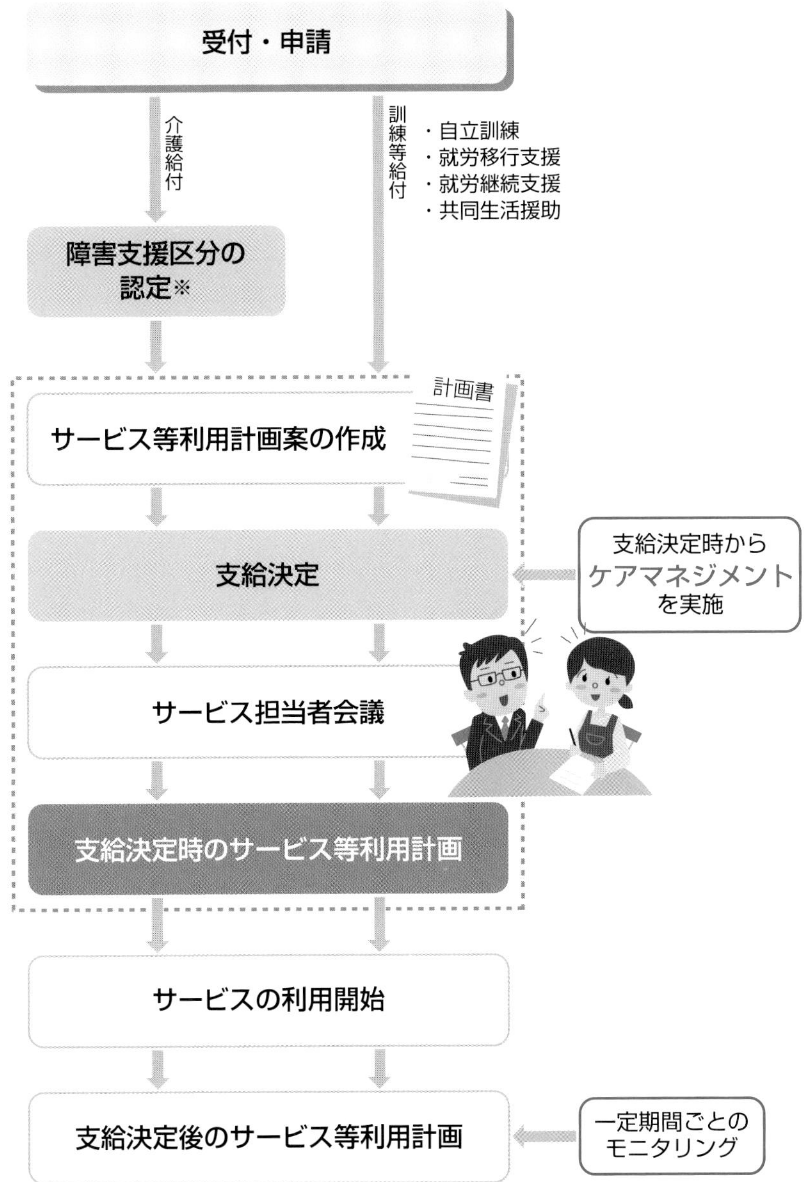

※同行援護の利用申請の場合は、さらに同行援護アセスメント票によるアセスメント（事前評価など）を行なう。ただし、身体介護をともなわない場合は、障害支援区分の認定調査の1次判定、2次判定（審査会による判定）および障害支援区分の認定は行なわない

▶年1回以上のモニタリングを実施

サービスなどの利用状況の検証と計画の見直しのために、一定期間を定めて「モニタリング」(サービス等利用計画の見直し)が実施されます。

モニタリング実施期間は、利用者の状況や利用しているサービスの内容などによって市町村が定める期間ごとに行なわれ、少なくとも1年に1回以上は実施されます。

なお、セルフプランによるサービス利用者には、指定特定相談支援事業者、指定障害児相談支援事業者の計画作成担当によるモニタリングは実施されません。

❖モニタリングの標準期間のイメージ

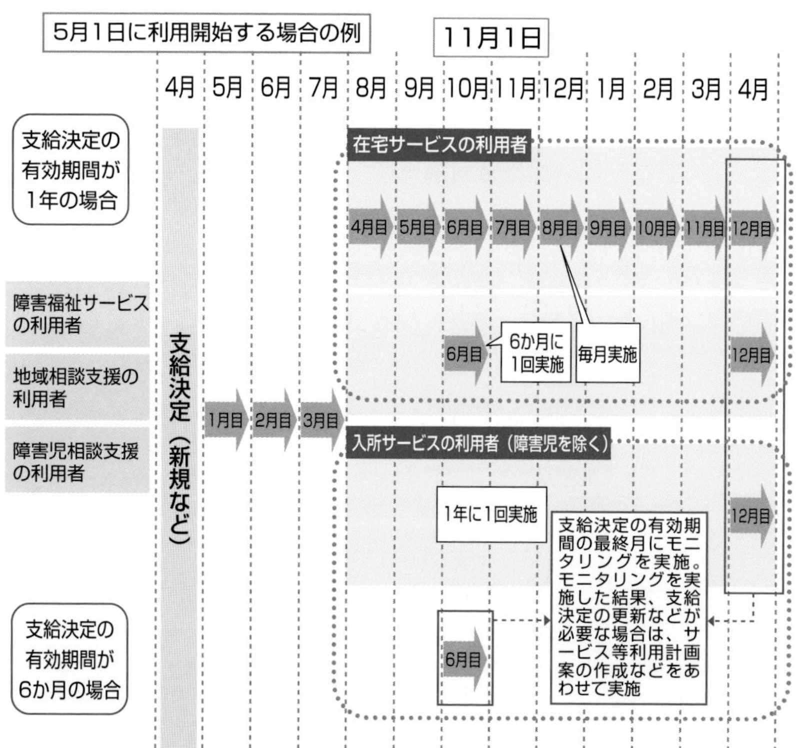

06 利用者負担の原則は所得別の応能負担

上限月額以上はかからないしくみ

▶障害者施策の変遷

介護給付または訓練等給付は、今後さらに利用者やサービス量が拡大すると予想されています。増える費用を補うため、それまでの所得に着目した応能負担を変更し、障害のある人も含めみんなで支え合うとの考え方に立って、2005年に公布された障害者自立支援法では、サービス量と所得に着目した定率負担へ移行し、負担額は、障害福祉サービスなどに通常要する費用の100分の10に相当する額とされました。

しかし、障害者自身の工賃などの収入が伸びず、その収入の中からサービス提供を受けた自己負担分を支払うことが難しいことから親族と同居している障害者が多いにもかかわらず、世帯による収入を基準とした定率負担による軽減措置では、実際にはその恩恵は受けにくかったといえます。また、低所得世帯や障害児のいる若年世帯の負担感は大きく、あらためて軽減措置の導入などに迫られました。

そこで所得に応じた定率負担に対する軽減措置や負担上限月額の設定が行なわれ、2010年の改正障害者自立支援法により、家計の負担能力に応じた「**応能負担を原則とする**」と明記するに至りました。現在の障害者総合支援法でも踏襲されています。

なお、介護給付または訓練等給付は、本来、サービスを利用し、その支払いをした障害者や障害児の保護者に支払うものですが、事業者の請求により支払うことができる**法定代理受領**も定められています。

▶上限月額以上の負担は生じない

障害福祉サービスの利用者負担は、サービスごとの利用者に応じて上限を設けるとともに、所得に応じて下表にある４区分の負担上限月額を設定し、１か月に利用したサービス量にかかわらず、それ以上の負担は生じない配慮がなされています。

❖障害者の利用者負担

世帯収入によって金額が異なる

区分	世帯の収入状況	負担上限月額
生活保護	生活保護受給世帯	0円
低所得	市町村民税非課税世帯※1	0円
一般1	市町村民税課税世帯（所得割16万円※2未満） ※入所施設利用者（20歳以上）、グループホーム利用者を除く※3	9,300円
一般2	上記以外	3万7,200円

※1　３人世帯で障害基礎年金１級受給の場合、収入がおおむね「300万円以下」の世帯が対象となる
※2　収入がおおむね「600万円以下」の世帯が対象となる
※3　入所施設利用者（20歳以上）、グループホーム利用者は、市町村民税課税世帯の場合、「一般2」となる

❖所得を判断する際の世帯の範囲

種 別	世帯の範囲
18歳以上の障害者 (施設に入所する18、19歳を除く)	障害のある人とその配偶者
障害児 (施設に入所する18、19歳を含む)	保護者の属する住民基本台帳での世帯

07 利用者負担のいろいろな軽減措置

医療型個別減免、高額障害福祉サービス等給付など

▶医療型個別減免

医療型入所施設や療養介護を利用する場合、医療費と食事療養費の減免があります。医療型施設に入所する人や療養介護を利用する人は、そのほかの福祉サービスを利用する場合、従前の福祉部分定率負担相当額と医療費、食事療養費を合算して上限額が設定され、それを超える部分は減免されます。

❖利用者負担の軽減措置の種類

<table>
<tr><th></th><th>入所施設利用者（20歳以上）</th><th>グループホーム利用者</th><th>通所施設（事業）利用者</th><th>ホームヘルプ利用者</th><th>就労定着支援・自立生活援助利用者</th><th>入所施設利用者（20歳未満）</th><th>医療型施設利用者（入所）</th></tr>
<tr><td rowspan="5">自己負担</td><td colspan="7">利用者負担の負担上限月額設定（所得段階別）</td></tr>
<tr><td colspan="6">高額障害福祉サービス費（世帯での所得段階別負担上限）</td><td rowspan="2">医療型個別減免（医療、食事療養費と合わせ、上限額を設定）</td></tr>
<tr><td></td><td></td><td>事業主の負担による就労継続支援A型事業（雇用型）の減免措置</td><td></td><td></td><td></td></tr>
<tr><td colspan="7">生活保護への移行防止（負担上限額を下げる）</td></tr>
<tr><td></td><td></td><td colspan="2">高齢障害者の利用負担</td><td></td><td></td><td></td></tr>
<tr><td>食費・光熱水費など</td><td>補足給付（食費・光熱水費負担を減免）</td><td>※食費や居住費については実費負担だが、通所施設（事業）を利用した場合には、食費の人件費支給による軽減措置が受けられる
補足給付（家賃負担を軽減）</td><td>食費の人件費支給による軽減措置</td><td></td><td></td><td>補足給付（食費・光熱水費負担を軽減）</td><td></td></tr>
</table>

❖20歳以上施設入所者等の医療型個別減免

【例】療養介護利用者（平均事業費：福祉22万9,000円、医療41万4,000円）、障害基礎年金1級受給者（年金月額8万1,343円）の場合

※1　その他生活費
（1）次のいずれにも該当しない者……2万5,000円
（2）障害基礎年金1級受給者、60～64歳の者、65歳以上で療養介護を利用する者……2万8,000円
※2　計算上は事業費（福祉）の1割とする

▶世帯での合算額が基準額を上回る場合

障害福祉サービスの利用者が同じ世帯で２人以上いるなど、世帯での合算額が基準額を上回る場合は、高額障害福祉サービス等給付費が支給されます。

たとえば、障害者と配偶者の世帯で、障害福祉サービスの負担額（介護保険も合わせて利用している場合は、介護保険の負担額も含む）の合算額が基準額を超える場合は、高額障害福祉サービス等給付費が支給されます（償還払いの方法によります）。

障害児が障害者総合支援法と児童福祉法に基づく２つ以上のサービスを合わせて利用している場合は、利用者負担額の合算が、それぞれのいずれか高い額を超えた部分について、高額障害福祉サービス費等が支給されます（償還払いの方法によります）。

なお、2012年４月１日より補装具にかかる利用者負担も合算される軽減が図られています。ただし、自立支援医療、療養介護医療、肢体不自由児通所医療および障害児入所医療にかかる利用者負担については、合算の対象外とされています。

❖高額障害福祉サービス等給付費支給の具体例

前提	父親Aさん、母親Bさん（障害者）、子どもCさん（障害児）の3人家族で、Cさんが障害児通所支援を利用（Aさんが通所給付決定保護者）し、Bさんが障害福祉サービスおよび補装具を利用（Bさんが支給決定障害者等および補装具費支給対象障害者等）。世帯の高額費算定基準額「X」は3万7,200円の場合

合算のしくみ

高額費は、利用者負担世帯合算額と高額費算定基準額の差額を支給対象とする

利用者負担世帯合算額「Y」 8万円（①+②+③）

①障害児通所支援にかかる利用者負担	②障害福祉サービスにかかる利用者負担	③補装具にかかる利用者負担
3万円	2万円	3万円

※この事例における高額費支給対象額は4万2,800円（Y−X）

支給額

AさんまたはBさんに対する支給額は、高額費支給対象額を通所給付決定保護者按分率、支給決定障害者等按分率（Aさん、Bさんにかかる利用者負担を利用者負担世帯合算額でそれぞれ除して得た率）で按分した額とする

Aさんに支給される高額障害児通所給付費
4万2,800円×①／Y=1万6,050円

Bさんに支給される高額障害福祉サービス等給付費
4万2,800円×（②+③）／Y=2万6,750円

※1　高額費算定基準額は、従来と同様、市町村民税課税世帯は3万7,200円、それ以外は0円とする

※2　1人の障害児の保護者が障害福祉サービス、障害児通所支援または指定入所支援のうち、いずれか2つ以上のサービスを利用する場合、その負担上限月額は利用するサービスの負担上限月額のうち、最も高い額とする

▶食費等実費負担への減免措置

食費等実費負担の減免措置は次のとおりです。

⑴20歳以上の入所者の場合

入所施設の食費・光熱水費の実費負担については、５万5,500円を限度として施設ごとに額が設定されることになります。

ただし、低所得者に対する給付については、費用の基準額を５万5,500円として設定し、福祉サービス費の定率負担相当額と食費・光熱水費の実費負担をしても、少なくとも手元に２万5,000円が残るように補足給付が行なわれます。

なお、食費等実費の負担については、必要経費などを控除後に、その人の収入から、そのほかに必要な生活費を減じて計算しますが、就労などにより得た収入については、２万4,000円までは収入として認定しません。

つまり、就労による収入が２万4,000円までなら食費等実費負担は発生せず、２万4,000円を超える額についても、超える額の30％は収入として認定しません。

❖20歳以上入所者の補足給付

【例】入所施設利用者（障害基礎年金１級受給者〔年金月額8万1,343円〕の場合）

※１　(8万1,343円－6万6,667円〔＝年収80万円〈障害基礎年金等を含む〉÷12〕)×50％
※２　障害基礎年金１級の者はその他生活費（2万5,000円）に3,000円加算して計算

⑵通所施設の場合

通所施設等では、低所得、一般１（グループホーム利用者〔所得割16万円未満〕を含む）の場合、光熱水費は発生せず、食材料費のみの負担となります。なお、食材料費は、施設ごとに額が設定されます。

グループホーム利用者の家賃助成

グループホーム（重度障害者等包括支援の一環として提供される場合を含む）の利用者（生活保護または低所得の世帯）が負担する家賃を対象として、利用者１人当たり月額１万円を上限に補足給付が行なわれます。

生活保護への移行防止策

上記のような負担軽減策を講じても、自己負担や食費等実費を負担することにより、生活保護の対象となる場合には、生活保護の対象とならない額まで、自己負担の負担上限月額や食費等実費負担額の引き下げが行なわれます。

08 障害児の利用者負担

児童福祉法に基づくサービスの負担軽減

▶障害児の月ごとの利用者負担

障害児を対象とするサービスは、「通所支援」と「入所支援」の２種類があり、対象となる障害児施設は、知的障害児施設、知的障害児通園施設、盲ろうあ児施設、肢体不自由児施設、重症心身障害児施設などです。

障害児の保護者は、「通所」支援の場合は市町村に、「入所」支援の場合は都道府県に支給申請を行ない、支給決定を受けた後、利用する施設と契約を結びます。障害児の利用者負担は、所得に応じて以下の４区分の負担上限月額が設定され、１か月に利用したサービス量にかかわらず、それ以上の負担は生じません。

❖障害児の利用者負担

※収入がおおむね「890万円」以下の世帯が対象

区分	世帯の収入状況		負担上限月額
生活保護	生活保護受給世帯		0円
低所得	市町村民税非課税世帯		0円
一般１	市町村民税課税世帯（所得割28万円※未満）	通所施設、居宅介護利用の場合	4,600円
		入所施設利用の場合	9,300円
一般２	上記以外		3万7,200円

❖所得を判断する際の世帯の範囲

種別	世帯の範囲
18歳以上の障害者（施設に入所する18、19歳を除く）	障害のある人とその配偶者
障害児（施設に入所する18、19歳を含む）	保護者の属する住民基本台帳での世帯

▶医療型施設入所や療養介護利用時の医療費と食費の減免

医療型施設に入所する人や療養介護を利用する人は、そのほかの福祉サービスを利用する場合、従前の福祉部分自己負担相当額と医療費、食事療養費を合算して、上限額を設定します。

❖20歳未満施設入所者等の医療型個別減免

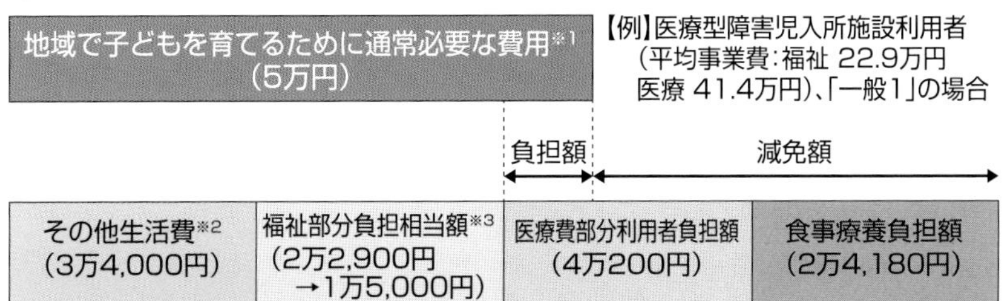

※1　低所得世帯、「一般１」は５万円、「一般２」は7万9,000円
※2　18歳以上は2万5,000円、18歳未満は3万4,000円
※3　計算上は事業費（福祉）の１割とし、1万5,000円を超える場合は1万5,000円として計算する

▶福祉型入所施設利用時の食費の減免

20歳未満の入所者の場合、地域で子どもを養育する費用（低所得世帯、一般１は５万円、一般２は７万9,000円）と同様の負担となるように補足給付が行なわれます。所得要件はありません。

❖20歳未満入所者の補足給付

【例】福祉型障害児入所支援施設利用者（平均事業費：18万6,000円）、一般1の場合

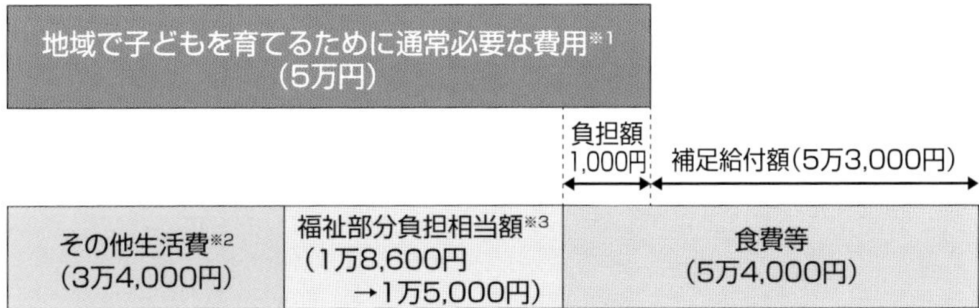

※1　低所得世帯、「一般１」は5万円、「一般２」は7万9,000円
※2　18歳以上は2万5,000円、18歳未満は3万4,000円
※3　計算上は事業費の１割とし、低所得世帯、一般１は1万5,000円を超える場合は1万5,000円として計算する

▶通所施設利用時の食費の減免

通所施設を利用する場合、食費の減免があります。

障害児の通所施設については、低所得世帯と「一般１」は食費の負担が軽減されます。具体的には、下表のとおりです。

❖通所施設利用時の食費の減免額

所得階層	食費
低所得	2,860円
一般1	5,060円
一般2	1万1,660円（軽減なし）

※月22日利用の場合。なお、実際の食材料費は施設により設定される

❖児童発達支援の利用者負担

事業費 14万4,000円	利用者負担	食費
低所得	0円	2,860円
一般1	4,600円	5,060円
一般2	1万4,400円	1万1,660円

❖医療型児童発達支援の利用者負担

事業費（福祉） 4万9,000円			
事業費（医療） 4万5,000円	福祉部分	医療部分	食費
低所得	0円	4,500円	2,860円
一般1	4,600円	4,500円	5,060円
一般2	4,900円	4,500円	1万1,660円

※2019（令和元）年10月１日より、３歳児から５歳児が障害児通所支援（児童発達支援、医療型児童発達支援、保育所等訪問支援、居宅訪問型児童発達支援）を利用する場合、利用者負担が無償化されています。

補装具にかかる費用の利用者負担

原則は１割負担または所得別の上限月額

補装具の購入・修理・貸与が対象

歩行補助つえ、補聴器、義手や義足、車椅子、歩行器など身体の欠損または損なわれた身体機能を補完・代替する補装具（102ページ）を購入・修理あるいは貸与した場合の利用者負担は、原則として定率１割負担ですが、利用者の世帯の所得に応じて、次のとおり、負担上限月額が設定されています。

補装具費の利用者負担

区分	世帯の収入状況	負担上限月額
生活保護	生活保護受給世帯	0円
低所得	市町村民税非課税世帯※	0円
一般	市町村民税課税世帯	3万7,200円

※市町村民税非課税世帯
例）3人世帯で障害基礎年金１級受給の場合、おおむね「300万円以下」の収入

所得を判断する際の世帯の範囲

種 別	世帯の範囲
18歳以上の障害者	障害のある人とその配偶者
障害児	保護者の属する住民基本台帳での世帯

※負担軽減措置を講じても、自己負担をすることにより、生活保護の対象となる場合には、生活保護の対象とならない額まで自己負担の負担上限月額を引き下げる。なお、世帯の中に市町村民税所得割額が46万円以上の人がいる場合は、公費負担の対象外となる

COLUMN

障害者差別解消法とは

障害者差別解消法とは、「障害を理由とする差別の解消の推進に関する法律」です。障害のある人もない人も、互いにその人らしさを認め合いながら、共に生きる社会をつくることを目指して2016年4月1日から施行されました。

その第1条では、「障害者基本法（昭和45年法律第84号）の基本的な理念にのっとり、全ての障害者が、障害者でない者と等しく、基本的人権を享有する個人としてその尊厳が重んぜられ、その尊厳にふさわしい生活を保障される権利を有することを踏まえ、障害を理由とする差別の解消の推進に関する基本的な事項、行政機関等及び事業者における障害を理由とする差別を解消するための措置等を定めることにより、障害を理由とする差別の解消を推進し、もって全ての国民が、障害の有無によって分け隔てられることなく、相互に人格と個性を尊重し合いながら共生する社会の実現に資することを目的とする。」とあります。

この法律では、国・都道府県・市町村などの役所や、会社やお店などの事業者が、障害のある人に対して、正当な理由なく、障害を理由としての「不当な差別的取扱いを禁止」しています。

また、国・都道府県・市町村などの役所や、会社やお店などの事業者に対して、障害のある人から社会の中にあるバリア（障壁、物理的な障壁だけではなく制度的な障壁、文化・情報面での障壁、意識上の障壁）を取り除くために何らかの対応を必要としているとの意思が伝えられたときに、負担が重すぎない範囲で対応すること（事業者に対しては、対応に努めること）を求めています。

この対応については「合理的配慮の提供」と呼ばれますが、どのような配慮が求められるのかという具体例については、内閣府のホームページ「合理的配慮サーチ」で障害の種別や生活の場面からさがすことができます。

◎内閣府ホームページ「合理的配慮サーチ」
http://www8.cao.go.jp/shougai/suishin/jirei/index.html

〔障害の種別から探す〕 全般／視覚障害／聴覚・言語障害／盲ろう／肢体不自由／知的障害／精神障害／発達障害／内部障害、難病等
〔生活の場面から探す〕 行政／教育／雇用・就業／公共交通／医療・福祉／サービス(買物、飲食店など)／災害時

第5章

障害福祉サービスを提供するために

事業者が障害福祉サービスを提供するには、都道府県から事業者指定を受けることが必要となります。

この章では、障害者総合支援法で位置づけられた障害福祉サービスをその内容から改めて整理し、それぞれのサービスの人員、設備、運営基準など、事業者指定を受けるにあたって満たすべき指定基準も含めて見ていきます。

サービスを提供する事業者の指定基準

人員、設備、運営に関する決まりごと

多機能型が認められた背景

以前の支援費制度では、事業ごとに指定基準が定められていたため、障害種別に加えて、サービスも縦割りとなっていました。しかし、人口規模の小さいところでも地域の特性や利用者の身体状況に合わせて複数のサービスを提供できるよう、障害者総合支援法では、**多機能型**が認められました。

支援費制度から障害者総合支援法における見直し

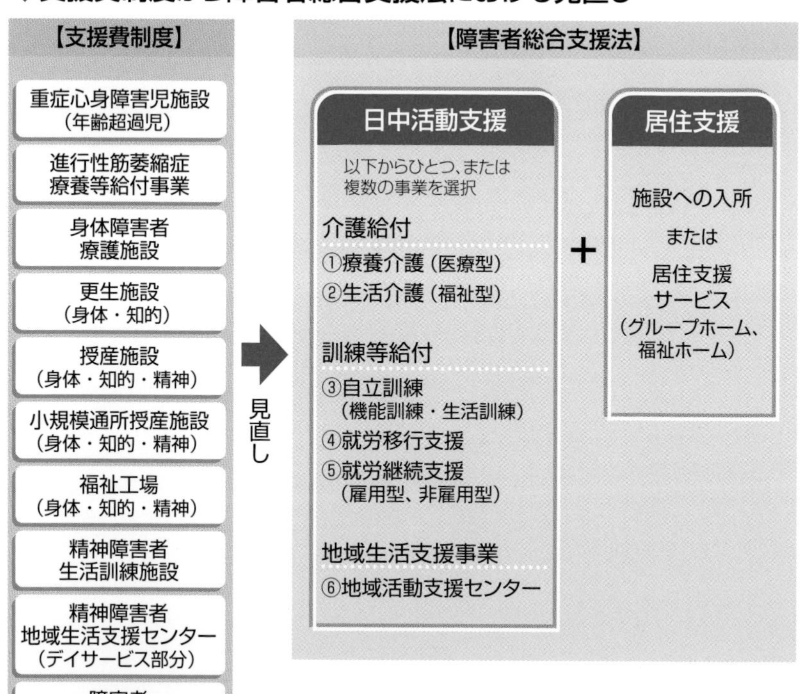

現在の事業者指定の基本的な考え方として、障害福祉サービス（日中活動支援および居住支援）については、①障害種別にかかわらず、共通の基準とする、②サービスの質の向上の観点から、サービス管理責任者の配置、虐待防止などを規定する、③利用者のニーズに応じたサービスが身近な地域で提供できるよう、同一の施設において複数の日中活動（サービス）を組み合わせて実施する多機能型を位置づける、という３つの点を踏まえて指定基準を設定することとしています。

具体的には、人員、設備、運営に対して事業ごとに指定基準を定めており、多機能型では、それぞれの事業の最低利用人員と事業所としての最低定員規模を定めることになっています。

さらに、質の高いサービスが、より安いコストで、できる限り多くの人に効果的・効率的に提供されるように、区分や内容、定員、達成度に応じた報酬を設定することとしています。

❖基準・報酬に関する基本的な考え方

1. ３障害共通の報酬単価、基準
2. 利用者像、障害支援区分、サービス内容に応じた報酬単価、基準
3. 個別支援の重視　➡サービス管理責任者の配置
4. 重度障害者への配慮
5. 複数サービスを組み合わせた実施　➡多機能型
6. 目標の達成度に応じた評価　➡一般就労への移行実績などに着目
7. 規制緩和を通じたサービス提供の拡充
   ➡必置規制の緩和、外部委託の推進など
8. 事業者の定員規模に応じた報酬単価
9. 利用実態に応じた支払い方式への転換
   ➡月払い方式から利用実績払い（日払い方式）へ

02 サービス提供の責任を明確化するための措置

サービス管理責任者とサービス提供責任者

サービス管理責任者とは

サービス提供にかかる内容と実施手順に対する責任を明確化するため、事業所ごとに個々の利用者について初期状態の把握（アセスメント）や個別支援計画の作成、サービス内容の定期的な評価を行なうサービス管理責任者を配置します。

このほかの人員基準は、サービス管理責任者の配置を前提にサービス提供に直接必要となる職員に限定し、事業ごとに設定することになっています。

❖サービス管理責任者の役割

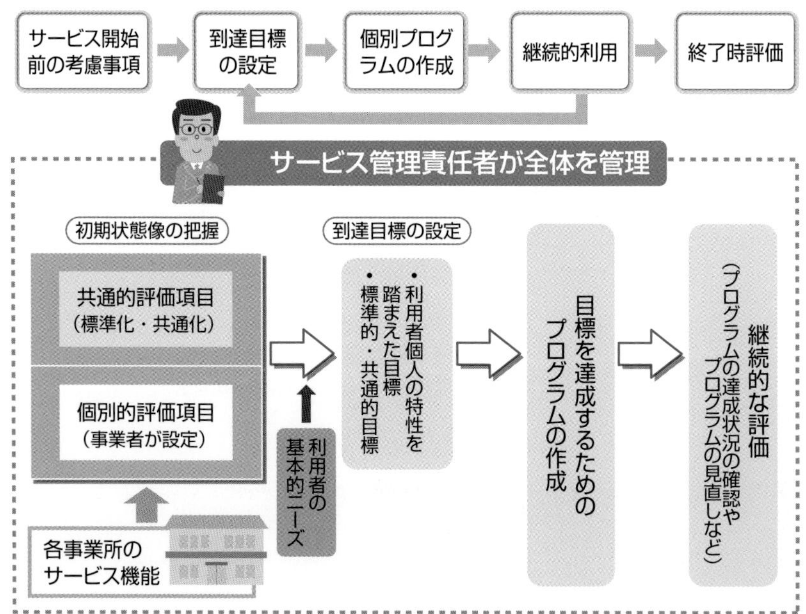

❖サービス管理責任者の実務経験

<table>
<tr><th rowspan="2" colspan="2">業務の範囲</th><th colspan="2">サービス管理責任者</th></tr>
<tr><th>業務内容</th><th>実務経験年数</th></tr>
<tr><td rowspan="10">障害者の保健、医療、福祉、就労、教育の分野における支援業務</td><td rowspan="4">①相談支援業務</td><td>施設などにおいて相談支援業務に従事する者</td><td rowspan="4">5年以上</td></tr>
<tr><td>医療機関において相談支援業務に従事する者で、次のいずれかに該当する者
(1) 社会福祉主事任用資格を有する者
(2) 訪問介護員2級以上に相当する研修を修了した者
(3) 国家資格等※を有する者
(4) 施設などにおける相談支援業務、就労支援における相談支援業務、特別支援教育における進路相談・教育相談の業務に従事した期間が1年以上である者</td></tr>
<tr><td>特別支援教育における進路相談・教育相談の業務に従事する者</td></tr>
<tr><td>その他これらの業務に準ずると都道府県知事が認めた業務に従事する者</td></tr>
<tr><td rowspan="4">②直接支援業務</td><td>施設および医療機関などにおいて介護業務に従事する者</td><td rowspan="4">10年以上</td></tr>
<tr><td>障害者雇用事業所において就業支援の業務に従事する者</td></tr>
<tr><td>盲・聾・養護学校における職業教育の業務に従事する者</td></tr>
<tr><td>その他これらの業務に準ずると都道府県知事が認めた業務に従事する者</td></tr>
<tr><td rowspan="2">③有資格者など</td><td>上記②の直接支援業務に従事する者で、次のいずれかに該当する者
(1) 社会福祉主事任用資格を有する者
(2) 訪問介護員2級以上に相当する研修を修了した者
(3) 児童指導員任用資格者
(4) 保育士</td><td>5年以上</td></tr>
<tr><td>上記①の相談支援業務および上記②の直接支援業務に3年以上従事し、かつ国家資格等※による業務に従事する者</td><td>5年以上</td></tr>
</table>

※国家資格等とは、医師、歯科医師、薬剤師、保健師、助産師、看護師、准看護師、理学療法士、作業療法士、社会福祉士、介護福祉士、視能訓練士、義肢装具士、歯科衛生士、言語聴覚士、あん摩マッサージ指圧師、はり師、きゅう師、柔道整復師、栄養士（管理栄養士を含む）、精神保健福祉士のことをいう

サービス管理責任者の要件

サービス管理責任者は、障害特性や障害者の生活実態に関する詳細な知識と経験、および個別支援計画の作成・評価などを行なうことができる知識と技術が必要であることから、実務経験とサービス管理責任者研修の修了が要件とされています。

ここでいう実務経験とは、障害者の保健、医療、福祉、就労、教育の分野における直接支援業務、相談支援業務、就労支援などの業務を５～10年以上行なっていることを指します。

サービス管理責任者研修を受けるためには、実務経験に加え、「相談支援従事者初任者研修（講義部分）」を受講する必要があります。ここでいう講義とは、障害者の地域生活支援、障害者のケアマネジメント概論、権利擁護の講義をいいます。

サービス管理責任者の要件

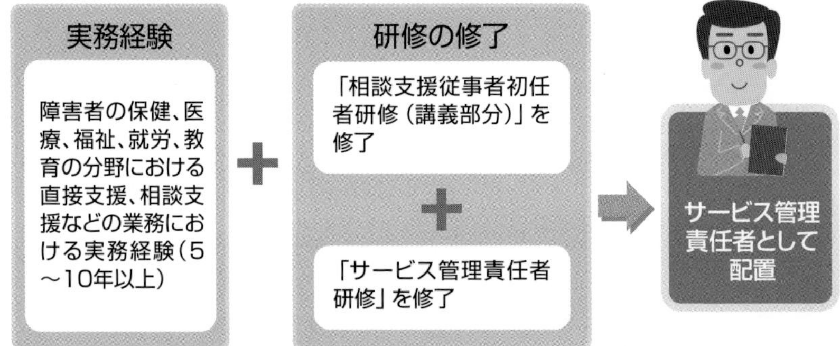

サービス提供責任者とは

サービス提供責任者とは、居宅介護（ホームヘルプ）事業者において柱となる役職です。利用者宅に出向き、サービス利用の契約ほか、アセスメントを行ない、必要な居宅介護計画について話し合いなどを行ないます。また、実際のサービス内容に関して、ホームヘルパーへの指導・助言・能力開発等も行ないます。

❖障害者総合支援法におけるサービス提供責任者の要件

指定居宅介護事業所ごとに、常勤の従業員であって、下記の資格を有し、専ら指定居宅介護の職務に従事する者のうち、事業の規模に応じて1人以上配置しなくてはなりません。

サービス提供責任者＼サービス種別	介護福祉士	実務者研修修了者	養成研修修了者（各研修に相当する研修を含む）										その他	実務要件	経過措置
			居宅介護従業者養成研修課程（1級）	居宅介護従業者養成研修課程（2級）	訪問介護員（1級）	訪問介護員（2級）	介護職員基礎研修	行動援護従事者養成研修 ※1	強度行動障害支援者養成研修（基礎研修および実践研修）	国立障害者リハビリテーションセンター学院視覚障害学科	居宅介護職員初任者研修	介護職員初任者研修			
居宅介護	○	○	○	※2	○	※2	○				※2	※2			
行動援護	※4	※4	※4	※2 ※4	※4	※2 ※4	※4	※3	※3		※2 ※4	※2 ※4		※3	※4
重度訪問介護	○	○	○	※2	○	※2	○				※2	※2	※5		
同行援護	※6	※6	※6	※2 ※6	※6	※2 ※6	※6			○	※2 ※6	※2 ※6			
重度障害者等包括支援	相談支援専門員の資格を有し、3年の実務経験　※7														

※1　2006年9月30日までの間に従前の知的障害者外出介護従業者養成研修課程を修了した者を含む
※2　実務経験3年以上（居宅介護については30%減算）
※3　知的障害者（児）、精神障害者の直接支援業務に「3年以上」従事した者
※4　2024年3月31日までの間は、2021年3月31日において当該資格を有したうえで、上記※3の実務経験期間「5年以上」の者は、行動援護のサービス提供責任者要件を満たしているものとする
※5　サービス提供職員のうち相当の知識と経験を有する者
※6　同行援護従業者養成研修（一般課程・応用課程）の修了者
※7　重度障害者等包括支援の対象となる者に対する支援を行なう事業所における実務経験が3年以上ある者

配置基準：次のうち、いずれかの低いほうの基準を適用する

〔居宅介護・行動援護・同行援護〕

①当該事業所の従業員数が10人またはその端数を増すごとに1人配置
②当該事業所の月間の延べサービス提供時間（事業所における待機時間や移動時間を除く）が450時間または450時間ごとに1人配置
③当該事業所の利用者の数が40人またはその端数を増すごとに1人配置
④③の規定にかかわらず、常勤のサービス提供責任者を3人以上配置し、かつ、サービス提供責任者の業務に主として従事する者を1人以上配置している当該事業所において、サービス提供責任者が行なう業務が効率的に行なわれている場合にあっては、当該事業所の利用者の数が50人またはその端数を増すごとに1人配置

〔重度訪問介護〕

①当該事業所の従業員数が20人またはその端数を増すごとに1人配置
②当該事業所の利用者の数が10人またはその端数を増すごとに1人配置
③当該事業所の月間の延べサービス提供時間（事業所における待機時間や移動時間を除く）が1,000時間または1,000時間ごとに1人配置

03 事業所運営を行なうための８つのポイント

利用者ニーズに合ったサービスの提供

障害福祉サービスの事業所を運営するにあたっては、サービス内容と実施する手順を運営規程に定めていきます。質のよいサービスを提供するため、運営基準には８つのポイントがあります。

①個別支援計画の作成、評価などを通じた個別支援

事業所には、サービス管理責任者を配置し、個々の利用者について、アセスメント（事前評価など）、個別支援計画の作成、継続的な評価などを通じ、サービスの内容と実施の手順にかかる責任を明確化することが定められています。

②法の理念に沿ったサービスの提供

従来は、身体障害者福祉法、知的障害者福祉法、児童福祉法と、根拠法が複数の法律にまたがる状態でしたが、障害者総合支援法では、障害種別にかかわらずサービスを提供するようになりました。

ただし、事業者によるサービスの専門性、そして経験・ノウハウを活かすという視点から、必要がある場合には、事業者は障害種別のうち「主たる対象者」を定めることができます。この場合、事業者指定にあたって運営規程に定めるとともに、重要事項として事業所内に掲示などを行なう必要があります。

③定員の取扱い

施設では定員が定められているため、急な身体状況の変化などで利用者のキャンセルがある場合、特に定員規模の小さな事業所

❖事業所運営の基準

①個別支援計画の作成、評価などを通じた個別支援

- サービス管理責任者を配置し、個々の利用者について、アセスメント、個別支援計画の作成、継続的な評価などを通じ、サービス内容と実施の手順にかかる責任を明確化

②法の理念に沿ったサービスの提供

- 障害種別にかかわらずサービスを提供するという障害者総合支援法の理念を踏まえつつ、サービスの専門性の確保の観点から必要がある場合には、事業者は、「主たる対象者」を定めることができる
- その際、運営規程に定めるとともに、重要事項として事業所内に掲示

③定員の取扱い

- 事業所における3か月間の平均実利用人員が、定員を超えても一定の範囲内であれば、利用者を受け入れることが可能

④食事の提供

- 施設入所支援等について、利用者の希望に応じ、食事の提供を行なう応諾義務とする
- 日中活動サービスについて、利用者に対する事前説明および同意を前提として、食事の提供を事業所の任意とする

⑤利用者負担の範囲など

- 食費、光熱水費、日用生活品費などについて、利用者から徴収できることとする
- 居住系サービス（施設入所支援、共同生活援助）については、利用者負担の上限額管理を業務として位置づけ、他のサービスは、利用者の求めに応じて実施（報酬上加算）

⑥虐待防止に対する責務

- 虐待の防止、虐待を受けているおそれがある場合の措置など、事業者の責務を明確化する

⑦重度の障害者に対する配慮

- 重度の障害という理由によりサービス提供を拒否することを禁止

⑧複数の事業を組み合わせて実施する場合などの取扱い

- 複数の事業を組み合わせて一体的に運営する多機能型の事業運営を位置づけ、その取扱いを規定する
- サービスを提供する場所が複数に分散している場合、本体施設と一体的に運営されていると認められるときは、ひとつの事業所として取り扱う

では、経営上、大きな打撃を受けることが指摘されていました。

このため、事業所における過去3か月間の平均実利用人員が定員を超えても、一定の範囲内であれば減算の対象となることなく、利用者を受け入れることを可能としています。

④食事の提供

施設入所支援などについて、利用者の希望に応じて食事を提供することが義務づけられています。また、日中活動支援サービスについては、利用者に対する事前説明および同意を前提として、事業所の選択により、食事を提供できることになっています。

⑤利用者負担の範囲など

食費、光熱水費、日用生活品費などについては、利用者から徴収できます。

居住支援サービス（施設入所支援、共同生活援助）については、利用者負担の上限額管理を業務として位置づけ、他のサービスについては、利用者の求めに応じて利用者負担の上限額管理を実施し、業務とした場合、報酬上評価します。

⑥虐待防止に対する責務

虐待の防止や、虐待を受けているおそれがある場合の措置など、事業者の責務を明確化しています。

⑦重度の障害者に対する配慮

重度の障害者に対しては、重度の障害を理由としたサービス提供の拒否を禁止しています。

⑧複数の事業を組み合わせて実施する場合などの取扱い

複数の事業を組み合わせて一体的に運営する多機能型の事業運営を位置づけ、その取扱いを規定しています。

また、サービスを提供する場所が複数に分散していても、本体施設と一体的に運営されていると認められるときは、ひとつの事業所として取り扱うことも可能です。

上記のほか、「重要事項の説明」「サービス提供の記録」など必

❖変更届出が必要な場合（おもなもの）

1. 事業所・施設の名称および所在地が変更になった場合
2. 申請者の名称、主たる事務所の所在地、代表者の氏名などが変更になった場合
3. 申請者の定款、寄付行為、条例などが変更になった場合
4. 建物の構造、事業所の平面図、設備の概要が変更になった場合
5. 管理者、サービス提供責任者および相談支援専門員の氏名、経歴および住所が変更になった場合
6. 運営規程などが変更になった場合
7. 主たる対象者が変更になった場合など

要な事項についても規定があります。

▶届出事項に変更があったときには？

指定障害福祉サービス事業者または指定相談支援事業者は、当該事業所の名称や所在地、その他上表に掲げる指定申請書などに記載した厚生労働省令で定める事項に変更があったときは、その旨を10日以内に知事に対して届け出なければならないとされています。

また、指定障害者支援施設についても、設置者の住所その他厚生労働省令で定める事項に変更があった場合は、10日以内に知事に届け出なければなりません。

04 居宅介護サービスを提供するための指定基準

訪問介護事業者は人員基準が緩和される

▶居宅介護の対象者は

入浴、排泄、食事などの介護を提供する居宅介護（ホームヘルプサービス）は、障害福祉サービスの根幹を担うものです。

障害支援区分が「区分１」以上（児童の場合はこれに相当する心身の状態）である人が対象となります。

また、通院等介助（身体介護を伴う場合）が必要な場合は、次のいずれにも該当する必要があります。

①障害支援区分が「区分２」以上

②障害支援区分の認定調査項目のうち、次に掲げる状態のいずれか１つ以上に認定されている

歩行：「全面的な支援が必要」

移乗：「見守り等の支援が必要」「部分的な支援が必要」または「全面的な支援が必要」

移動：「見守り等の支援が必要」「部分的な支援が必要」または「全面的な支援が必要」

排尿：「部分的な支援が必要」または「全面的な支援が必要」

排便：「部分的な支援が必要」または「全面的な支援が必要」

▶居宅介護の指定基準

ひとつの事業者が居宅介護を行動援護または重度訪問介護と合わせて実施する場合、人員基準は居宅介護、重度訪問介護、行動援護と合わせて常勤換算2.5人以上となればよいとされています。

常勤換算とは、事業所の従業者の延べ勤務時間数を事業所にお

❖常勤換算の求め方

$$\text{常勤換算}=\frac{\text{当該事務所の従事者の延べ勤務時間数}}{\text{当該事務所において常勤の従事者が勤務すべき時間数}}$$

いて常勤の従業者が勤務すべき時間数（32時間を下回る場合は32時間）で割ることにより、事業所の従業者の員数を常勤の従業者の員数に換算する方法です（計算式参照）。

つまり、常勤者の勤務時間が週40時間（１日８時間）の事業所では、週20時間（１日４時間）働く非常勤従業者は常勤換算では0.5人となります。

▶人員基準が緩和される場合

介護保険法上の訪問介護事業者が、障害者総合支援法による居宅介護の指定事業者になるにあたっても、人員要件の条件が緩和されます。

介護保険法上の指定訪問介護事業者が、障害者総合支援法による居宅介護を行なう場合は、当該介護保険法上の指定を受けていることをもって、障害者総合支援法の指定基準を満たしているものと判断し、指定を行なって差し支えないものとされています。つまり、介護保険法上の指定訪問介護事業者は、障害者の居宅介護へ参入するにあたり、新たにヘルパーを配置する必要はなく、管理者・サービス提供責任者相互の兼務が可能となっているのです。

なお、都道府県への指定申請手続きは、上記の指定基準を満たしているとの判断にかかわらず必要となります。

❖障害者総合支援法におけるホームヘルパー従事要件

サービス種別 ＼ サービス提供者		介護福祉士	実務者研修修了者	養成研修修了者（各研修に相当する研修を含む）						
				居宅介護従業者養成研修課程（1～2級）	居宅介護従業者養成研修課程（3級）	訪問介護員（1～2級）	訪問介護員（3級）	介護職員基礎研修	（旧）視覚障害者外出介護従業者養成研修 ※10	行動援護従事者養成研修 ※1
居宅介護	身体介護	○	○	○	30%減算	○	30%減算	○		
	家事援助	○	○	○	10%減算	○	10%減算	○		
	乗降介助	○	○	○	10%減算	○	10%減算	○		
行動援護		※7	※7	※7		※7		※7		※5
重度訪問介護		○	○	○	○	○	○	○		○
同行援護		※9	※9	※9	10%減算 ※9	※9	10%減算 ※9	※9	※9	
重度障害者等包括支援		家族介護を不可・資格要件は設定しない								

※1　2006年9月30日までの間に従前の知的障害者外出介護従業者養成研修課程を修了した者を含む

※2　2006年9月30日までの間に従前の日常生活支援従事者養成研修を修了した者を含む。居宅介護を行なうことができるのは、区市町村がやむを得ないと認める場合

※3　「みなし証明者」とは、支援費制度以前のサービス従事経験がある者で、必要な知識および技術を有することを知事が証明した者

※4　3時間以上の場合は、635単位に所要時間3時間から計算して所要時間30分を増すごとに86単位を加算した単位数

※5　知的障害者、精神障害者、障害児の直接支援業務に１年以上従事した者

※6　2006年9月30日において、従来の視覚障害者外出介護従業者養成研修、全身性障害者外出介護従業者養成研修、知的障害者外出介護従業者養成研修を修了した者

※7　2024年３月31日までの間は2021年３月31日において当該資格を有したうえで、上記※５の実務経験期間「２年以上」従事した者は、行動援護のヘルパー要件を満たしているものとする

（東京都の場合）

	強度行動障害支援者養成研修（基礎研修および実践研修）	重度訪問介護従事者養成研修 ※2	同行援護従業者養成研修一般課程	国立障害者リハビリテーションセンター学院視覚障害学科	居宅介護職員初任者研修	介護職員初任者研修	居宅介護従業者基礎研修	生活援助従事者研修課程	みなし証明者（各サービスごと）※3	実務要件	その他	経過措置
		※4			○	○	30%減算		30%減算		通院等介助30%減算 ※6	
					○	○	10%減算	○	10%減算		通院等介助10%減算 ※6	
					○	○	10%減算		10%減算		10%減算 ※6	
	※5				※7	※7				※5		※7
		○			○	○	○		○			
			※8	○	※9	※9	10%減算 ※9		10%減算 ※9			※11 10%減算

※8　同研修課程に相当すると知事が認めた研修の修了者を含む（2011年9月30日において研修課程を修了した者および同日において受講中の者が終了した場合に限る）

①都が指定した事業者が実施する視覚障害者移動支援従業者養成研修（2006年10月以降開講）

②都内区市町村が実施する視覚障害者移動支援従業者養成研修

③当該養成研修を実施した区域の道府県において、「それに相当すると知事が認めた研修」とされている研修

④視覚障害者移動支援事業従業者資質向上研修（障害者自立支援対策臨時特例交付金に基づく基金事業）（2008年度以降開講）

※9　視覚障害者・児の福祉に関する事業に直接処遇職員として１年以上従事した者

※10 都では「東京都重度障害者ガイドヘルパー養成研修」（1998～2002年度）、「東京都視覚障害者移動介護従業者養成研修（2003～2006年度）」

※11「地域生活支援事業における盲ろう者向け通訳・介助員派遣事業に従事する盲ろう者向け通訳·介助員」が従事する場合は、2024年3月31日までの間、同行援護従業者養成研修（一般課程）を修了したとみなす

05 常時介護を必要とする人への支援

重度訪問介護と重度障害者等包括支援

▶総合的な介護を行なう

重度訪問介護は、常時介護を必要とする障害者に対して、ホームヘルパーが自宅を訪問して、入浴、排泄、食事などの介護、外出時の移動中の介護を総合的に提供するサービスです。

居宅において介護を提供する居宅介護（身体介護）の指定を受けた事業者は、重度訪問介護の指定を受けたものと見なすこととされましたが、**サービス提供責任者**にあっては、特に相当の知識と経験をもつ者であることとされています。

▶重度訪問介護の対象者とは

重度の肢体不自由または重度の知的障害もしくは精神障害により行動上著しい困難を有する障害者であって常時介護を要する人が対象となります。具体的には障害支援区分が「区分４」以上であって、次の①②のいずれかに該当する人です。

①次のいずれにも該当する人
・二肢以上に麻痺等がある
・障害支援区分の認定調査項目のうち「歩行」「移乗」「排尿」「排便」のいずれも「支援が不要」以外と認定されている
②障害支援区分の認定調査項目のうち、行動関連項目等（12項目）の合計点数が10点以上の人

ちなみに、行動関連項目等とは、障害支援区分の認定調査項目のうち、コミュニケーション、説明の理解、大声・奇声を出す、異食行動、多動・行動停止、不安定な行動、自らを傷つける行

為、他人を傷つける行為、不適切な行為、突発的な行動、過食・反すう等、てんかん発作の頻度（これのみ医師意見書による）の12項目をいい、それぞれ程度に応じて０・１・２の３段階で点数化します。

なお、現行の日常生活支援の利用者のサービス水準の激変緩和を図る観点から、2006年９月末日現在において、日常生活支援の支給決定を受けている人であって、上記の対象者要件に該当しない人のうち、（ア）障害支援区分が「区分３」以上で、（イ）日常生活支援および外出介護の月の支給決定時間の合計が125時間を超える場合は、当該者の障害支援区分の有効期間に限り、重度訪問介護の対象となります。

ただし、重度訪問介護サービス費の加算対象者については、それぞれ次の要件を満たす必要があります。

・100分の7.5　区分６に該当する人
・100分の15　①に該当する人で、重度障害者等包括支援の対象となる場合

包括的に複数のサービスを提供

重度障害者等包括支援では、常時、介護の必要があって、その介護の必要の程度が著しく高い障害者・障害児に対して、サービス等利用計画に基づき、居宅介護等複数のサービスを包括的に行ないます。障害福祉サービスを包括的に提供するものなので、介護報酬は一定額を基準とし、他の障害福祉サービスとの併給はできないものとされています。

重度障害者等包括支援を行なう事業者は、重度訪問介護など、各指定事業所として必要な設備および備品を備えた何らかの障害福祉サービスにかかる指定事業者であり、かつ、24時間、利用者からの連絡に対して、緊急時の臨機応変な対応が可能であると同時に、自らも一定のサービス提供が行なえる体制であることが必

要です。

また、サービス提供責任者を配置して利用者の状況を把握・分析し、毎週、個別支援計画を作成するとともに、定期的にサービス担当者会議を開催することが求められています。

市町村は対象者に対し、適切なサービスが報告どおり提供されているかどうかなどについて、定期的に実地で確認調査を行なうこととされています。

▶重度障害者等包括支援の対象者

常時介護を要する人で、意思疎通を図ることに著しい支障がある人のうち、四肢の麻痺や寝たきりの状態にある人、知的障害または精神障害により行動上著しい困難を有する人が対象となります。

具体的には、障害支援区分が区分６（児童にあっては「区分６」に相当する支援の度合）に該当し、意思疎通に著しい困難を有し、次のいずれかに該当する人となります。

①重度訪問介護の対象であって、四肢すべてに麻痺等があり、寝たきり状態にある障害者のうち、次のいずれかに該当する人

・人工呼吸器による呼吸管理を行なっている身体障害者（Ⅰ類型）――筋ジストロフィー、脊椎損傷、ALS（筋萎縮性側索硬化症）、遷延（せんえん）性意識障害等

・最重度知的障害者（Ⅱ類型）――重症心身障害者等

②障害支援区分の認定調査項目のうち行動関連項目等（12項目）の合計点数が10点以上である人（Ⅲ類型）

・強度行動障害等

06 重度の精神障害者等を対象とする支援

危険回避を目的とする行動援護

ユニバーサルサービスを目指す

行動援護は、自閉症、てんかんなどを有する重度の知的障害者・障害児や統合失調症などを有する重度の精神障害者であって、危険回避ができない、自傷、異食、徘徊などの行為があるなど、行動障害に対する援護を必要とする人を対象としています。

行動援護については、そのサービス提供責任者に５年以上、従事者にも２年以上の知的障害者、精神障害者、障害児の直接支援業務に従事した経験が求められています。この実務経験を満たす事業所はまだ少なく、行動上著しい困難を示す人でも利用できるユニバーサルサービスとなることが期待されています。

行動援護の対象とその利用

行動援護は、障害支援区分が３以上であり、認定調査項目のうち行動関連項目等（12項目：重度訪問介護に同じ）の合計点数が10点以上（児童にあっては、これに相当する支援の度合）である利用者が、社会参加と認められるレジャーや映画・演劇などの文化活動、医療機関の受診、手続きのための官公庁などへの外出などのときに利用できます。

しかし、自分で事業を行なっているなど、収入を得るための外出や、パチンコなどの社会通念上、給付対象として必要とみなされない外出、20分未満の外出、また通園、通学、施設などへの通所は対象とはなりません。ただし、通園、通学、通所などに関しては地域生活支援事業として利用できる市町村もあります。

視覚障害者への支援

▶同行援護の創設

同行援護は、単なる同行ではなく、安全かつ快適な移動支援と、その外出の判断、選択に必要な情報提供（代筆・代読を含む）を行なうサービスです。

このため、サービス提供責任者には居宅介護における資格のほか、同行援護従業者養成研修の修了、従業者にも同一般課程の修了または実務経験が求められます。

▶同行援護の対象者とは

移動に著しい困難を有する視覚障害者・障害児が対象となります。同行援護アセスメント調査票において、移動障害および移動障害以外の欄（「視力障害」「視野障害」「夜盲」のいずれか）にかかる点数が１点以上、または身体介護を伴う場合は、次のいずれにも該当する必要があります。

①障害支援区分が「区分２」以上

②障害支援区分の認定調査項目のうち、以下の１つ以上に認定

歩行：「全面的な支援が必要」

移乗：「見守り等の支援が必要」「部分的な支援が必要」または「全面的な支援が必要」

移動：「見守り等の支援が必要」「部分的な支援が必要」または「全面的な支援が必要」

排尿：「部分的な支援が必要」または「全面的な支援が必要」

排便：「部分的な支援が必要」または「全面的な支援が必要」

医療によるケア・介護を必要とする人への支援

医療機関が行なう療養介護

▶療養介護を利用できる人は

療養介護とは、主に昼間、病院その他の厚生労働省令で定める医療機関において、①病院などへの入院による医学的管理のもと、食事・入浴などの介護を提供、②日常生活上の相談支援、レクリエーション活動などの社会参加活動支援、声かけ・聞き取りなどのコミュニケーション支援、③上記①・②を通じた身体能力、日常生活能力の維持・向上の提供を行なう事業です。

利用者は、医療を必要とする障害者であって、常に介護を必要とする次のような人です。

①障害支援区分６で、気管切開を伴う人工呼吸器による呼吸管理を行なっている筋萎縮性側索硬化症（ＡＬＳ）患者など

②障害支援区分５以上であり、筋ジストロフィー患者または重症心身障害者

▶療養介護に求められる配慮

療養介護では、事業者はサービスの提供にあたり、その趣旨から、次のような配慮が求められています。

①介護などを通じた生活の質（ＱＯＬ）の維持・向上への配慮

②訓練を通じた身体能力の維持・向上

③家族などへの密な連絡

④家族や友人などとの団らんや交流の機会確保

介護を行なう家族が病気になったときの支援

一時的に利用する短期入所（ショートステイ）

短期入所とは

短期入所とは、障害者の生活する居宅で介護を行なう家族などの病気やその他の理由により、障害者支援施設その他の施設へ、短期間の入所を必要とする障害者、障害児に対し、入浴、排泄または食事などの介護や日常生活上の支援を提供する施設です。

事業所は下表のように、３つの形態に分かれています。

事業所の形態

形態	内容
併設型事業所	障害者支援施設その他の厚生労働省令で定める施設と一体的な運営を行なう事業所
空床利用型事業所	障害者支援施設その他の厚生労働省令で定める施設であって、その全部または一部が入所者に利用されていない居室を利用して運営を行なう事業所
単独型事業所	上記以外であって、短期間の入所による保護を適切に行なうことができる事業所

利用目的に応じたサービス

サービス	内容
福祉型短期入所	短期入所施設を利用する当日に他の日中活動系サービスを利用することが可能となる福祉型短期入所サービス
医療型短期入所	医療的なケアを必要とする障害者に対応するため、充実した看護体制をとる医療機関によって提供される、医療型短期入所サービス

▶短期入所の対象者とは

障害者支援施設等において実施される福祉型の場合は、次の人が対象となります。

①障害支援区分が区分1以上

②障害児に必要とされる支援の度合に応じて厚生労働大臣が定める区分における区分1以上に該当する児童

また、病院、診療所、介護老人保健施設において実施される医療型の場合は次の人が対象となります。

遷延（せんえん）性意識障害者・障害児、筋萎縮性側索硬化症（ALS）等の運動ニューロン疾患の分類に属する疾患を有する人および重症心身障害者・障害児など

「日中」「夜間」に介護等が必要な人への支援

QOLを高める生活介護と施設入所支援

▶日中の支援サービス

生活介護は、おもに日中に障害者支援施設で、①食事・入浴・排泄などの介護、日常生活上の支援、②軽作業などの生産活動や創作的活動の機会の提供、③上記①・②を通じた身体能力、日常生活能力やQOL（生活の質）の維持・向上を目的として、必要な介護等のサービスを実施します。

利用者は、常時介護が必要な障害者であって、①障害支援区分3（合わせて施設入所支援を利用する場合は区分4）以上である人、②年齢が50歳以上で、障害支援区分2（合わせて施設入所支援を利用する場合は区分3）以上である人です。

▶工賃の支払い方法の明確化が求められる

生活介護では、利用者の心身の状況や意向を踏まえた生産活動の実施、そして、その場合における工賃の支払い方法などを明確化することが必要です。

また、施設入所支援を合わせて利用する人については、居宅サービスなどの利用により、利用者が居宅において日常生活を営むことが可能になるかどうかを定期的に評価し、可能と認められる場合は、利用者の希望などを考慮し、サービスの利用終了時に支援上必要な援助を実施することが求められています。

▶夜間の支援サービス

施設入所支援は、生活介護または自立訓練もしくは就労移行支援の対象者に対し、日中活動と合わせて、夜間などにおける入浴、排泄または食事の介護などの提供を目的として、障害者支援施設において、必要な介護等のサービスを実施しています。

対象は、生活介護利用者のうち、障害支援区分4（50歳以上の場合は区分3）以上の人、自立訓練または就労移行支援の利用者のうち、生活能力により単身での生活が困難な人、地域の社会資源などの状況により通所することが困難な人などです。

日中活動と住まいの場の組み合わせ

利用者は入所施設のサービスを、昼のサービス（日中活動支援）と夜のサービス（居住支援）に分けることにより、サービスの組み合わせを選択できることになります。

利用者は日中活動の場として、療養介護（療養介護については、医療機関への入院と合わせて実施）、生活介護、自立訓練（機能訓練・生活訓練）、就労移行支援、就労継続支援（雇用型・非雇用型）、地域活動支援センター（地域生活支援事業）から、ひとつ以上の事業を選択し、住まいの場として、施設入所支援もしくは居住支援を受けることになります。

このサービスを利用する際には、利用者1人ひとりの個別支援計画が作成され、利用目的にかなったサービスが提供されます。

日中活動支援

以下からひとつ、または複数の事業を選択

療養介護
生活介護
自立訓練（機能訓練・生活訓練）
就労移行支援
就労継続支援（雇用型、非雇用型）
地域活動支援センター

居住支援

施設への入所
または
居住支援サービス
（グループホーム、福祉ホーム）

11 日常生活・社会生活を自立して営むための支援

QOLの維持・向上等を促す自立訓練

▶地域生活への移行を目的とする支援

自立訓練（機能訓練）は、障害者が自立した日常生活・社会生活を営むことができることを目的として支援活動を行ないます。

身体機能の向上のために必要な理学療法や作業療法など身体機能のリハビリテーション、歩行訓練、コミュニケーションや家事などの訓練や日常生活上の相談支援を、18か月以内を標準とした期間において、個別支援計画に沿って進めます。

とくに地域生活への移行支援を目的として、利用者の状況に応じ、段階的に通所・訪問などのサービスを組み合わせるとともに、就労移行支援事業所など他の日中活動サービス事業者などと連携し、必要な調整を行ないます。また、利用者が安定して地域生活を営むことができるように、移行後においても一定期間、定期的な連絡、相談などを行なうことが求められています。

▶自立訓練（機能訓練）の対象者とは

地域生活を営むうえで、身体機能・生活能力の維持・向上等のため、一定の支援が必要な身体障害のある人、または難病を患っている人で、具体的には、次のような人が対象となります。

①入所施設・病院を退所・退院した人で、地域生活への移行等を図るうえで、身体的リハビリテーションの継続や身体機能の維持・回復などの支援が必要な人

②特別支援学校を卒業した人で、地域生活を営むうえで、身体機能の維持・回復などの支援が必要な人

▶生活能力の維持・向上のための支援

自立訓練（生活訓練）は、地域生活を営むうえで支援が必要な知的障害者・精神障害者を対象としています。

その内容は、食事や家事など日常生活能力を維持・向上させるための支援、日常生活上の相談支援、就労移行支援事業所などサービス機関との連絡調整などの支援です。

24か月以内を標準（ただし、特に長期間にわたって入所〔入院〕していた人などを対象とする場合には、36か月以内を標準）とした期間に、事業所への通所、利用者の自宅への訪問などにより、必要な訓練などを実施します。

この訓練は、利用者の状況に応じ、利用者の生活の場となる環境や社会資源などを踏まえ、段階的に通所・訪問などのサービスを組み合わせて行ないます。

また、就労移行支援事業所など他の日中活動サービス事業者などと連携し、地域生活への移行などに必要な調整を行なうとともに、個別支援計画に沿って訓練を実施するよう努めます。

なお、利用者が安定して地域生活を営むことができるよう、移行後も一定期間、支援を継続することが求められています。

▶自立訓練（生活訓練）の対象者とは

地域生活を営むうえで、生活能力の維持・向上等のため、一定の支援が必要な知的障害または精神障害のある人で、具体的には、次のような人が対象となります。

①入所施設・病院を退所・退院した人で、地域生活への移行を図るうえで、生活能力の維持・向上などの支援が必要な場合

②特別支援学校を卒業した人、継続した通院により症状が安定している人などで、地域生活を営むうえで、生活能力の維持・向上などの支援が必要な場合　など

12 グループホームで暮らす人への支援

戸建てなどの住居で行なう共同生活援助

▶地域での少人数の共同生活を支援

グループホーム（**共同生活援助**）は、地域において共同生活を営むのに支障のない障害者が就労し、または障害福祉サービスにおける日中活動を利用している知的障害者や精神障害者が、主として夜間において、共同生活を営む住居で行なう支援です。

具体的には、①家事などの日常生活上の支援、②日常生活における相談支援、日中活動にかかる事業所など関係機関との連絡・調整を目的として必要な支援などを実施します。

また、介護を必要とする人を対象に、主として夜間において、サービス管理責任者と世話人が家事などの日常生活上の支援、日常生活における相談支援、日中活動にかかる事業所など関係機関との連絡・調整を行ないます。また、生活支援員を配置し、共同生活を営む住居において、食事や入浴、排泄など必要な介護、支援などを実施します。

ここでいう介護などのサービスは、原則として共同生活介護事業所の従業者が提供する（**介護サービス包括型**）こととされていますが、事業者が自らの責任に基づき委託した場合には、従業者以外の者が介護サービスを提供する（**外部サービス利用型**）ことも認められています。ただし、この場合は、あらかじめ利用者に説明し、同意を得るなどの措置を講ずる必要があります。

また、常時介護を必要とする者に対して、日中を含む常時の支援体制を確保し、入浴、排泄、食事の介護その他の日常生活上の支援を提供する「**日中サービス支援型**」も創設されています。

なお、行動援護も必要とする利用者が、共同生活介護において通常行なわれる外出とは別に移動を行なう場合には、共同生活介護とは別に行動援護を利用することができます。

また、サービス提供体制の確保、夜間における緊急時の対応などのため、他の障害福祉サービス事業者など関係機関などとの連携および支援の体制を確保することが求められています。

▶地域移行支援型ホームの特例

地域移行支援型ホームとは、入所施設または病院（以下「入所施設等」という）において、入所施設等を設置・運営する法人が所有または借用している土地であって、入所施設等が立地している敷地内にあり、利用者の地域生活への移行を進めるための経過的な利用として位置づけられており、次の要件を満たす場合に限り、2035年３月までの間で認められます。

①利用者ごとの利用期間は、原則２年間までとする

②利用者ごとに、外部の日中活動サービスなどを組み合わせて個別支援計画を定めるとともに、運営に関し、地域の関係者などを含めた協議の場を設定することなどを通じ、地域活動などへの参加を確保する

③居間、便所などの共有設備については、10人を上限とする生活単位ごとに配置するなど、居住環境における入所施設等からの独立性を確保する

④都道府県障害福祉計画において、居住サービスが不足する地域に限定する。また、既存の建物を活用する場合に限定し、あわせて入所施設等の定員を減少することとし、これらについて都道府県が個別に認める

なお、この特例は、グループホームにあてはまります。

13 働きたい障害者に対するさまざまな支援

就労移行支援、就労継続支援、就労定着支援

▶職場探しのための支援

就労移行支援は、就労を希望する障害者に対し、事業所での作業や企業における実習など、本人の適性に合った職場探しや職場定着のため、通所を原則とした支援を行ないます。また、24か月以内を標準とする期間、必要な訓練・指導などを実施します。

就労移行支援では、その趣旨から、生産活動における事業収入から必要経費を控除した額に相当する金額を、生産活動に従事している人に工賃として支払うことが求められます。サービス利用者には、申込み時に直近の工賃支払いの実績額が提示されます。

また、利用者が個別支援計画に沿って職場実習を実施できるよう、受入先を確保するとともに、公共職業安定所、障害者就業・生活支援センターなど関係機関と連携し、利用者が行なう求職活動の支援や就労に関する適性・ニーズに応じた職場開拓に努めることが求められます。就労後も、定着するまでの間、定期的に連絡・相談などの支援を継続します。

▶就労移行支援の対象者とは

就労を希望する65歳未満の障害者で、通常の事業所に雇用されることが見込まれる次のような場合が対象です。

①単独で就労することが困難であるため、就労に必要な知識および技術の習得もしくは就労先の紹介その他の支援が必要な人
②あん摩マッサージ指圧師免許、はり師免許またはきゅう師免許を取得することにより、就労を希望する人

❖就労移行支援と労働施策の連携

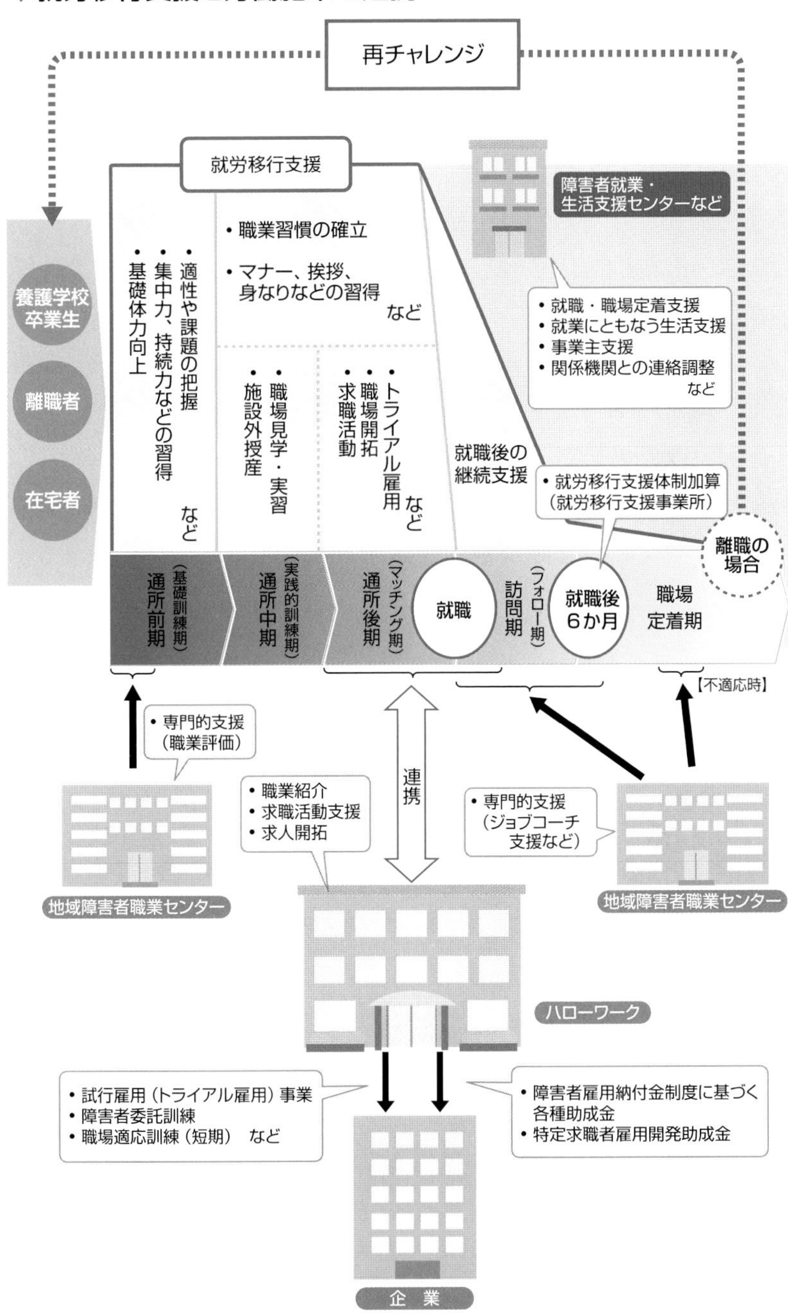

▶雇用が困難な人への支援

就労継続支援（A型＝雇用型）は、通常の事業所に雇用されることが困難な障害者に、就労に必要な機会の提供や知識・能力の向上を図ります。当該事業所において雇用契約に基づく就労が可能と見込まれる人に対し、事業所内において雇用契約に基づく就労の機会を提供し、必要な知識・能力が高まった場合、一般就労への移行に向けて、必要な指導などを実施します。

このため、利用者と雇用契約を締結し、労働基準法などの関係法規を遵守することが求められています。

なお、事業者は、利用定員の２割に相当する数を上限として、利用定員とは別に、障害者以外の人を雇用することができるものとされています。

▶雇用型での就労が困難になった人への支援

就労継続支援（B型＝非雇用型）は、企業などまたは就労継続支援（雇用型）での就労経験がある障害者であって、年齢や体力の面で雇用されることが困難となった人や、就労移行支援を利用したが、企業などまたは就労継続支援（雇用型）の雇用に結びつかなかった人、そして上記に該当しないが50歳に達している人、または試行の結果、企業などの雇用、就労移行支援や就労継続支援（雇用型）の利用が困難と判断された人を対象としています。

その内容は、①就労や生産活動の機会の提供、②①を通じて知識・能力が高まった人を対象に、就労への移行に向けて、必要な指導などを実施します。

ただし、雇用型と異なり雇用契約は締結しません。このため、工賃の支払いについては、①生産活動における事業収入から必要経費を控除した額に相当する金額を、生産活動に従事している人に工賃として支払う、②事業者は工賃支払いの目標水準を設定

❖就労移行支援と就労継続支援のちがい

	就労移行支援	就労継続支援	
		（A型＝雇用型）	（B型＝非雇用型）
給付の種類	訓練等給付		
利用者	一般企業への雇用または在宅就労などが見込まれる障害者であって、下記の条件に該当する者 (1)一般企業への就労を希望する者 (2)技術を習得し、在宅で就労などを希望する者	雇用契約に基づく就労が可能と見込まれる障害者であって、下記の条件に該当する者 (1)就労移行支援事業により、一般企業の雇用に結びつかなかった者 (2)盲・聾・養護学校を卒業して雇用に結びつかなかった者 (3)一般企業を離職した者または就労経験のある者	就労の機会を通じて、生産活動にかかる知識および能力の向上が期待される障害者であって、下記の条件に該当する者 (1)就労移行支援事業により、一般企業の雇用に結びつかなかった者 (2)一般企業などでの就労経験のある者で、年齢や体力の面から雇用されることが困難な者 (3)上記(1)・(2)以外の者であって、一定の年齢に達している者
サービス内容	一般企業の雇用に向けた移行支援など	雇用に基づく就労機会の提供や一般企業の雇用に向けた支援など	一定の賃金水準に基づく継続した就労機会の提供、ＯＪＴの実施、雇用形態への移行支援など
利用期限	制度上、期限の定めあり	制度上、期限の定めなし	
夜間の生活の場	地域の社会資源の状況から通所が困難であるなど、一定の条件に該当する場合に、入所施設の利用可	同左（ただし経過措置として）	

し、都道府県、市町村、利用者などに対し公表する、③事業者は毎年度の工賃の支払い実績額を、都道府県、市町村へ報告しなければならない、④利用申込者には、直近の工賃支払いの実績額を提示しなければならない、⑤事業所の平均工賃は、月額3,000円程度の水準を上回らなければならない、としています。

なお、工賃目標水準は、地域の最低賃金の３分の１の額を目安とし、かつ、前年度の実績額以上とすることを目指すこととしています。

▶就労定着支援とは

就労定着支援は、就労移行支援等の利用を経て一般就労へ移行した障害者で、就労に伴う環境変化により生活面の課題が生じている者を対象に、障害者との相談を通じて生活面の課題を把握するとともに、企業や関係機関（障害者就業・生活支援センター、医療機関、社会福祉協議会等）等との連絡調整や、それに伴う課題解決に向けて必要となる支援を実施します。

具体的には、企業、自宅等への訪問や障害者の来所により、生活リズム、家計や体調の管理などに関する課題解決に向けて、必要な連絡調整や指導・助言等の支援を実施するサービスです。

14 障害児を対象とした専門的な支援

放課後等デイサービス、児童発達支援、保育所等訪問支援など

▶児童福祉法を基本とした身近な支援の充実

障害をもつ子どもが身近な地域でサービスを受けられる支援体制が必要とされることから、障害者自立支援法の成立時から障害児のサービスについては、再編を検討することとされていました。

そのため、2010年の改正障害者自立支援法により、重複する障害に対応するとともに、身近な地域で支援を受けられるよう、障害種別等に分かれていた障害児施設（通所・入所）が一元化されました。

また、在宅サービスや放課後等デイサービスの実施主体が市町村になっていることも踏まえ、通所サービスについては市町村を実施主体としています。

なお、入所施設の実施主体は引き続き都道府県です。

▶放課後等デイサービスとは

放課後等デイサービスとは、学校教育法に規定する学校（幼稚園、大学を除く）に就学している障害児（引き続き、サービスを受けなければその福祉を損なうおそれがあると認めるときは、満20歳に達するまで利用することが可能）を対象とした支援です。放課後や夏休みなどの長期休暇中における居場所の確保が必要と考えられることから、生活能力向上のための訓練等療育や創作活動支援などを継続的に提供することにより、学校教育と相まって障害児の自立を促進する通所事業です。

❖放課後等デイサービスのしくみ

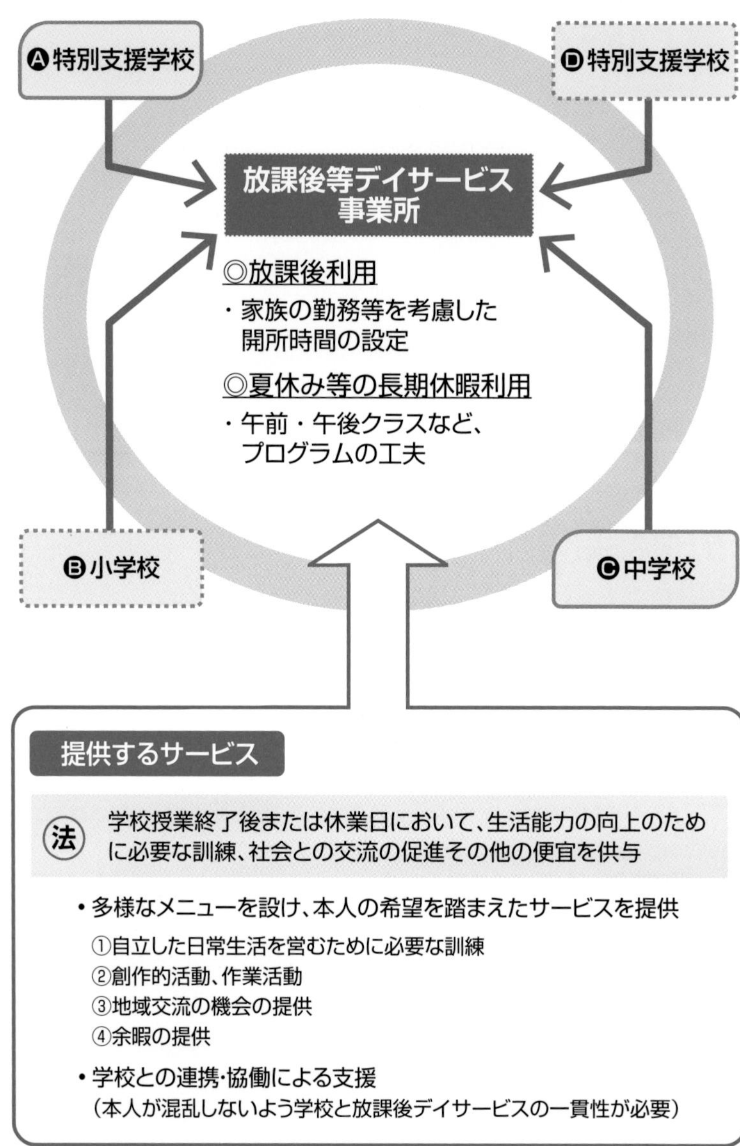

▶児童発達支援とは

児童発達支援とは、集団療育および個別療育を行なう必要があると認められる未就学の障害児を対象に、日常生活の基本的な動作の指導、知識技能の付与、集団生活への適応訓練、その他必要な支援を行なう通所事業です。

❖児童発達支援のしくみ

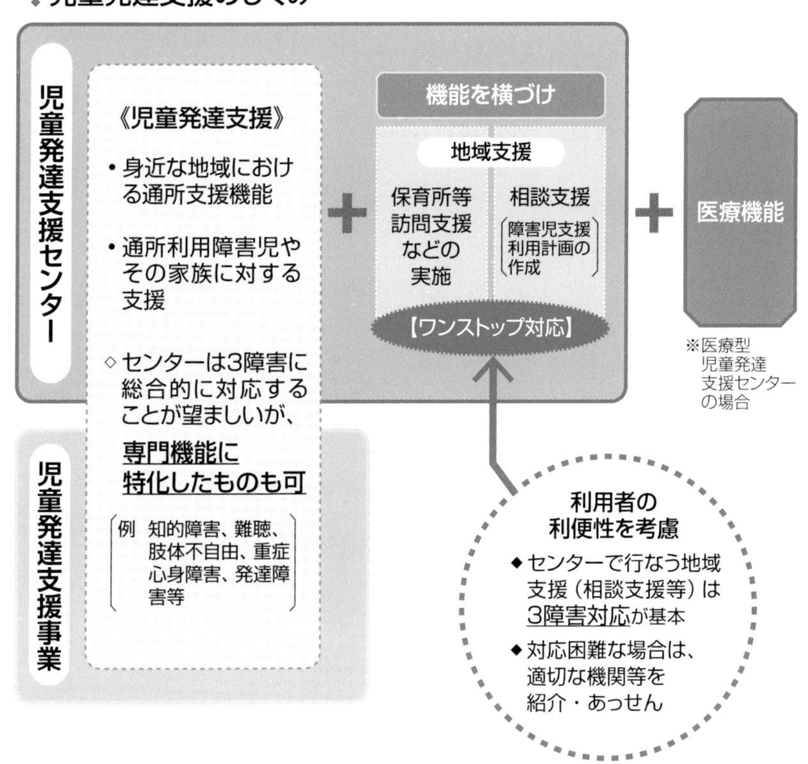

▶保育所等訪問支援とは

保育所等訪問支援とは、保育所や児童が集団生活を営む施設に通う障害児、おもに発達障害児や、その他「集団生活への適応度」から支援の必要性を判断される児童を対象としたサービスです。

保育所等における集団生活に適応できるようになるための専門的な支援を必要とする場合に、訪問支援を実施することにより、保育所等の安定した利用を促進します。

❖保育所等訪問支援のしくみ

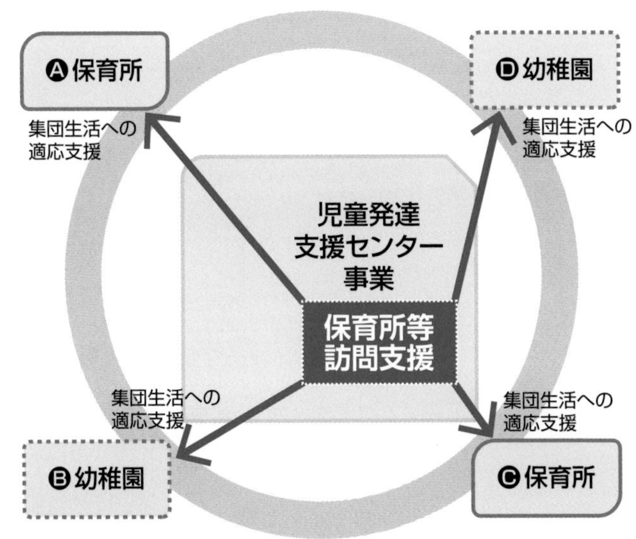

訪問先の範囲

法 保育所、幼稚園、認定こども園、小学校、特別支援学校、その他児童が集団生活を営む施設として、地方自治体が認めたもの

▶居宅訪問型児童発達支援とは

重度心身障害児などの重度の障害児等であって、児童発達支援等の障害児通所支援を受けるために外出することが著しく困難な障害児を対象としたサービスです。

障害児の居宅を訪問し、手先の感覚と脳の認識のずれを埋めるための活動や絵カードや写真を利用した言葉の理解のための活動など日常生活における基本的な動作の指導、知識技能の付与などの支援を実施します。

▶障害児入所支援とは

身体に障害のある児童、知的障害のある児童または精神に障害のある児童（発達障害児を含む）を対象に「障害児入所施設」として一元化される前の障害種別の施設と同等の支援を確保するとともに、主たる対象とする障害児以外の障害児を受け入れた場合に、その障害に応じた適切な支援を提供します。

なお、手帳の有無は問わず、児童相談所、医師等により療育の必要性が認められた児童も対象となり、３障害対応を原則としますが、障害の特性に応じた支援の提供も可能です（ただし、医療型の対象は、知的障害児、肢体不自由児、重症心身障害児）。

COLUMN

成年後見制度とは

不動産や預貯金などの重要な財産、資産を管理、利用するような場合や、ふだんの生活での介護、支援などのサービスの利用や施設への入所に関する契約をする際、加齢や認知症、なんらかの先天的、後天的な障害により判断能力の不十分な人が自身で契約することが難しい場合があります。

また、判断能力が不十分なまま契約することにより、その契約の有効性が問われてしまう場合や、自分に不利益な契約であっても自身での判断ができずに契約を結んでしまい、詐欺の被害やトラブルに巻き込まれる可能性もあります。このような判断能力の不十分な人々を保護し、支援するため、判断能力を補完する制度が「**成年後見制度**」です。

成年後見制度には、**法定後見制度**と**任意後見制度**の２つがあり、法定後見制度は判断能力の程度など身体状況などにより、さらに「**後見**」「**保佐**」「**補助**」の３つに分かれています。

法定後見制度では、申立てにより家庭裁判所で選任された成年後見人または保佐人・補助人が、本人の利益を考えながら、本人を代理して契約など法律行為（法的効果を望む意思表示）をしたり、本人が自分で法律行為をするときに同意を与えたり、本人が同意を得ないで行なった法律行為を後から取り消したりすることによって、本人を保護します。

申立てから法定後見の開始までは一定の審理期間を要しますが、多くの場合、３～４か月以内となっています。

親族がいないなど法定後見制度の申立人がいない場合は、市町村長が申し立てることができ、障害者については、地域生活支援事業の一環として成年後見制度の活用に取り組んでいます。

→180ページへつづく

❖法定後見の開始までの手続きの流れ

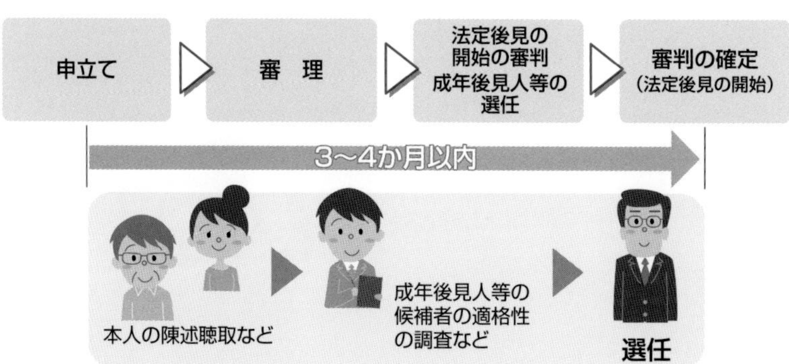

❖法定後見制度の概要

	後見	保佐	補助
対象となる人	判断能力が欠けているのが通常の状態の人	判断能力が著しく不十分な人	判断能力が不十分な人
申立てをすることができる人	本人、配偶者、四親等内の親族、検察官、市町村長など＊1		
成年後見人等（成年後見人・保佐人・補助人）の同意が必要な行為	＊2	民法13条1項所定の行為＊3＊4＊5	申立ての範囲内で家庭裁判所が審判で定める「特定の法律行為」（民法13条1項所定の行為の一部）＊1＊2＊3＊5
取消しが可能な行為	日常生活に関する行為以外の行為＊2	同上＊3＊4＊5	同上＊3＊5
成年後見人等に与えられる代理権の範囲	財産に関するすべての法律行為	申立ての範囲内で家庭裁判所が審判で定める「特定の法律行為」＊1	同左＊1
制度を利用した場合の資格などの制限	医師、税理士等の資格や会社役員、公務員等の地位を失うなど＊6	医師、税理士等の資格や会社役員、公務員等の地位を失うなど	

＊1　本人以外の者の申立てにより、保佐人に代理権を与える審判をする場合、本人の同意が必要になる。補助開始の審判や補助人に同意権・代理権を与える審判をする場合も同じ

＊2　成年被後見人が契約等の法律行為（日常生活に関する行為を除く）をした場合には、仮に成年後見人の同意があったとしても、後で取り消すことができる

＊3　民法13条1項では、借金、訴訟行為、相続の承認・放棄、新築・改築・増築などの行為が挙げられている

＊4　家庭裁判所の審判により、民法13条1項所定の行為以外についても、同意権・取消権の範囲とすることができる

＊5　日用品の購入など日常生活に関する行為は除く

＊6　公職選挙法の改正により、選挙権の制限はなくなった

また、成年後見制度を利用することにより本人の法律行為が制限的となるため、その利用に危惧される点がありましたが、成年後見制度を利用している障害者らの働きかけにより、選挙権の制限は撤廃されました。

一方、任意後見制度は、本人に十分な判断能力があるうちに、あらかじめ自らが選んだ代理人（**任意後見人**）に、自分の生活、療養看護や財産管理に関する事務について代理権を与える契約（**任意後見契約**）を公証人の作成する公正証書で結んでおくものです。事前に任意後見契約を締結しておくことで、本人の判断能力が低下した後、その契約で決めた事務について、家庭裁判所が選任する「**任意後見監督人**」の監督のもと、任意後見人が本人を代理して契約などを行ないます。それによって、本人の意思にしたがった適切な保護をすることが可能になります。

なお、後見開始の審判がされたときや任意後見契約の公正証書が作成されたときなどは、家庭裁判所または公証人の嘱託によって後見人の権限や後見の内容について法務局において登記されます（成年後見登記制度）。以前の禁治産制度※で行なわれていた戸籍への記載はされないこととなりました。

※禁治産制度……法律上、自分で財産を管理する能力がないものとして、これに後見人をつける制度。1999（平成11）年の民法改正で廃止された。

◆成年後見制度についての問い合わせ先

法務省ホームページ　http://www.moj.go.jp/

〔成年後見制度〕

○法務省民事局参事官室　TEL：03-3580-4111（代表）
○法テラス（日本司法支援センター）　TEL：0570-078374（コールセンター）
○各市町村の地域包括支援センター
○全国の弁護士会
○全国の司法書士会（公益社団法人成年後見センター・リーガルサポート）
○全国の社会福祉協議会
○日本社会福祉士会・各地の「権利擁護センターぱあとなあ」

〔成年後見登記制度〕

○法務省民事局民事第一課　TEL：03-3580-4111（代表）
○東京法務局民事行政部後見登録課　TEL：03-5213-1360（ダイヤルイン）

〔任意後見契約〕

○日本公証人連合会　TEL：03-3502-8050
○全国の公証役場

〔成年後見制度を利用するための申立て手続き（必要書類・費用など）〕

○全国の家庭裁判所

巻末資料

障害者基本計画

障害者基本法に基づき、政府が策定する障害者施策に関する基本計画です。障害者の自立および社会参加の支援等のための施策に関して、総合的かつ計画的な推進を図るための基盤となるもので，障害者施策の基本理念を定めるとともに、国や地方自治体等の責務を明らかにしています。

現在、2027年度までの第５期が運用中です。

計画期間　第５次＝2023（令和５）年度から5年間

総論の主な内容

１．基本理念
　○共生社会の実現に向け、障害者が、自らの決定に基づき社会のあらゆる活動に参加し、その能力を最大限発揮して自己実現できるよう支援するとともに、障害者の社会参加を制約する社会的障壁を除去するため、施策の基本的な方向を定める。
２．基本原則
　○地域社会における共生等、差別の禁止、国際的協調
３．社会情勢の変化
　○2020年東京オリンピック・パラリンピックのレガシー継承
　○新型コロナウイルス感染症拡大とその対応
　○持続可能で多様性と包摂性のある社会の実現（ＳＤＧｓの視点）
４．各分野に共通する横断的視点
　○条約の理念の尊重及び整合性の確保
　○共生社会の実現に資する取組の推進
　○当事者本位の総合的かつ分野横断的な支援
　○障害特性等に配慮したきめ細かい支援
　○障害のある女性、こども及び高齢者に配慮した取組の推進
　○ＰＤＣＡサイクル等を通じた実効性のある取組の推進
５．施策の円滑な推進
　○連携・協力の確保、理解促進・広報啓発に係る取組等の推進

各論の主な内容（１１の分野）

１．差別の解消、権利擁護の推進及び虐待の防止
２．安全・安心な生活環境の整備
３．情報アクセシビリティの向上及び意思疎通支援の充実
４．防災、防犯等の推進
５．行政等における配慮の充実
６．保健・医療の推進
７．自立した生活の支援・意思決定支援の推進
８．教育の振興
９．雇用・就業、経済的自立の支援
10．文化芸術活動・スポーツ等の振興
11．国際社会での協力・連携の推進

障害福祉計画・障害児福祉計画

国の基本指針に則して都道府県・市町村が策定する３か年計画です。都道府県・市町村は、障害福祉サービスや地域生活支援事業を円滑に提供できるよう、国の障害保健福祉サービスの基盤整備に関する基本指針に則して「障害福祉計画」を策定することになっています。

３年を１期として、現在、2026年度までの第７期が運用中です。

計画期間　障害福祉計画（第７期）・障害児福祉計画（第３期）
＝2024（令和６）年度から３年間

基本指針見直しの主な事項

①入所等から地域生活への移行、地域生活の継続の支援
- 重度障害者等への支援に係る記載の拡充　など

②精神障害にも対応した地域包括ケアシステムの構築
- 精神保健福祉法の改正等を踏まえた更なる体制整備　など

③福祉施設から一般就労への移行等
- 一般就労への移行及び定着に係る目標値の設定　など

④障害児のサービス提供体制の計画的な構築
- 児童発達支援センターの機能強化と地域の体制整備　など

⑤発達障害者等支援の一層の充実
- ペアレントトレーニング等プログラム実施者養成推進　など

⑥地域における相談支援体制の充実強化
- 基幹相談支援センターの設置等の推進　など

⑦障害者等に対する虐待の防止
- 自治体による障害者虐待への組織的な対応の徹底　など

⑧「地域共生社会」の実現に向けた取組
- 社会福祉法に基づく地域福祉計画等との連携や、市町村による包括的な支援体制の構築の推進に係る記載の新設

⑨障害福祉サービスの質の確保
- 都道府県による相談支援専門員等への意思決定支援ガイドライン等を活用した研修等の実施を活動指標に追加

⑩障害福祉人材の確保・定着
- ICTの導入等による事務負担の軽減等に係る記載の新設　など

⑪よりきめ細かい地域ニーズを踏まえた障害（児）福祉計画の策定
- 障害福祉DBの活用等による計画策定の推進　など

⑫障害者による情報の取得利用・意思疎通の推進
- 障害特性に配慮した意思疎通支援や支援者の養成等の促進に係る記載の新設

⑬障害者総合支援法に基づく難病患者への支援の明確化
- 障害福祉計画等の策定時における難病患者、難病相談支援センター等からの意見の尊重　など

⑭その他：地方分権提案に対する対応
- 計画期間の柔軟化　など

障害福祉サービス等情報公表制度

障害者総合支援法および児童福祉法の一部を改正する法律において、障害福祉サービス等の利用者が個々のニーズに応じて良質なサービスを選択することができるようにするとともに、サービスの質の向上を図ることを目的として、2018年４月から情報公表制度が創設されました。

障害福祉サービスを提供する事業者は、事業内容等について都道府県知事に報告する義務があるとともに、事業者から報告を受けた都道府県知事はその内容を公表しなくてはならず、利用者はインターネットで検索することができます。

〔公表対象となる事業者〕

①下記に記載のサービス（基準該当サービスは除く）の指定を受けている事業者

②当年度中に以下のサービスについて、新規に指定を受けてサービスを提供しようとする事業者

1	居宅介護	11	自立訓練(機能訓練)	21	地域相談支援(地域定着支援)
2	重度訪問介護	12	自立訓練(生活訓練)	22	福祉型障害児入所施設
3	同行援護	13	宿泊型自立訓練	23	医療型障害児入所施設
4	行動援護	14	就労移行支援	24	児童発達支援
5	療養介護	15	就労継続支援Ａ型	25	医療型児童発達支援
6	生活介護	16	就労継続支援Ｂ型	26	居宅訪問型児童発達支援
7	短期入所	17	就労定着支援	27	放課後等デイサービス
8	重度障害者等包括支援	18	自立生活援助	28	保育所等訪問支援
9	共同生活援助	19	計画相談支援	29	障害児相談支援
10	施設入所支援	20	地域相談支援(地域移行支援)		

〔おもな報告・公表事項〕

①基本情報

法人

▶事業所等を運営する法人等に関する事項

・名称、所在地、電話番号、代表者の氏名、設立年月日など

事業所等

▶サービスを提供する事業所等に関する事項

・名称、所在地、管理者の氏名、事業開始年月日、利用交通手段、財務状況など

▶サービスに従事する従業者に関する事項

・従業者数、勤務形態、労働時間、経験年数など

▶サービスの内容に関する事項

・運営方針、サービスの内容、サービスの提供実績など

▶利用料等に関する事項など

②運営情報

▶利用者の権利擁護の取り組み

▶サービスの質の確保の取り組み

▶相談・苦情等への対応

▶サービスの評価、改善等の取り組み

▶外部の者等との連携

▶適切な事業運営・管理の体制

▶安全・衛生管理等の体制

▶情報の管理、個人情報保護等の取り組み

▶その他（従業者の研修の状況等）など

事業者が都道府県等に報告した「障害福祉サービス等情報」は、独立行政法人福祉医療機構の総合情報サイト「WAMNET（ワムネット＝https://www.wam.go.jp/)」上で公表されています。

障害福祉サービスの事業者・設備等の指定基準

障害者総合支援法に基づく「介護給付」「訓練等給付」および「サービス利用計画作成」、児童福祉法に基づく「障害児入所支援」「障害児通所支援の対象となるサービス」を提供するには、事業所が所在する都道府県知事（指定都市および中核市においては市長）から事業者の指定を受けることが必要です。

指定要件は、事業（提供するサービスの種類）ごとに定められており、指定を受けるには、次のような基準のほか、各都道府県の条例で定める要件を満たす必要があります。

- **人員基準（従業者の知識、技能、人員配置等に関する基準）**
- **設備基準（事業所に必要な設備等に関する基準）**
- **運営基準（サービス提供にあたって事業所が留意すべき事項など、事業を実施するうえでの基準）**

指定申請の具体的な手続きについては、事業所が所在する自治体にお問い合わせください。

また、すでに指定を受けている事業者であっても、現状と異なる種類のサービスを行なう場合は、あらためて指定申請をします。

※指定の有効期間

指定の有効期間は、原則として「6年間」です。指定通知書に有効期間が記載されているので、有効期間が終了するまでの間に「更新」の手続きを行なわなくてはなりません。

〔用語の定義〕

常勤…その事業所において定められている勤務時間数を満たしている者

※同一の事業者が運営する事業所（多機能型）の職務で、それぞれの勤務時間の合計が常勤の従業者が勤務すべき時間数を満たしている場合も含む。雇用形態を問わない

専従…もっぱらその障害福祉サービスの職務に従事する者

実務経験…介護などの業務に従事した期間またはその期間を有する者

♦（共生型）居宅介護 の指定基準

▶人員基準

1 管理者

常勤　※管理業務に支障がない場合は他の職務との兼務可

2 サービス提供責任者

①要件

介護福祉士、実務者研修修了者、または初任者研修修了者であって3年以上の実務経験者

②員数

事業所ごとに、常勤、専従の従事者であって、事業の規模に応じて1人以上の者（管理者との兼務可）

3 サービス提供職員

①要件

介護福祉士、初任者研修または実務者研修の修了者※

※サービス提供職員については、当分の間、2006年9月30日において現に居宅介護事業に従事した経験がある者であって、都道府県知事から必要な知識および技術を有すると認める旨の証明書の交付を受けた者についても従事することを可能としている

②員数

常勤換算法で2.5人以上（サービス提供責任者を含む）

〔常勤換算法〕

（「常勤の人数」＋「非常勤の勤務時間」）÷「常勤が勤務すべき時間」

待機時間を含むサービスの準備・提供等に必要な「勤務延時間数」を常勤が勤務すべき時間数(1週間に勤務すべき時間数が32時間を下回る場合は32時間を基本とする)で除することにより、その事業所全体の職員数を常勤数に換算する方法

〈計算例〉

◦**「基準人数」算出**…常勤の勤務時間が40時間／週、利用者数20人の事業所で、基準上利用者数を6で除した数以上の員数を必要とする場合

20人（利用者数）÷6＝3.333…→3.3人（基準人数）

必要勤務時間数40時間／週×3.3人（基準人数）

＝132時間／週（必要勤務時間数）

◦**「従業者常勤時間」換算**…予定勤務体制＝勤務延時間数135時間／週（週40時間勤務2名、週30時間勤務1名、週25時間勤務1名）の場合

従業者常勤換算135時間／40時間

＝3.375…→3.3人（常勤換算）**基準を満たしている**

▶設備基準

①事業の運営を行なうために必要な広さを有する専用の区画（相談室等）を設けること

②指定居宅介護の提供に必要な設備および備品などを備えること

(共生型) 重度訪問介護 の指定基準

人員基準

1 管理者

常勤　※管理業務に支障がない場合は他の職務との兼務可

2 サービス提供責任者

①要件

介護福祉士、実務者研修修了者、または初任者研修修了者であって3年以上の実務経験者、またはサービス提供職員のうち相当の知識と経験をもつ者とする

②員数

事業所ごとに、常勤、専従の従事者であって、事業の規模に応じて1人以上（管理者との兼務可）

3 サービス提供職員

①要件

介護福祉士、初任者研修または実務者研修修了者、重度訪問介護従業者養成研修※1の修了者とする※2

※1　重度訪問介護従業者養成研修は、日常生活支援従事者養成研修の研修カリキュラムを見直したうえで新たに制度化し、現場実習を中心とした内容に改めたもの。研修時間について、従来の「20時間」を「10時間」としたが、とくに重度の障害者に対し支援を行なう者については、利用者が医療的ケアを必要とする者であることを踏まえ、緊急時の対応などについての追加受講を要件としている

※2　サービス提供職員については、居宅介護事業者と同様の経過措置がある

②員数

常勤換算法で2.5人以上（サービス提供責任者を含む）

設備基準

①事業の運営を行なうために必要な広さを有する専用の区画（相談室等）を設けること

②重度訪問介護の提供に必要な設備（感染症予防に必要な設備を含む）および備品などを備えること

同行援護 の指定基準

人員基準

1 管理者

常勤　※管理業務に支障がない場合は他の職務との兼務可

2 サービス提供責任者

①要件

介護福祉士、実務者研修修了者、または初任者研修修了者であって実務経験３年以上でかつ同行援護従業者養成研修（一般課程・応用課程）修了者、または移動支援に３年間従事し、かつ同行援護従業者養成研修（一般課程・応用課程）修了者

②員数

事業所ごとに、常勤、専従の従事者であって、事業の規模に応じて１人以上（管理者と兼務可）

3 サービス提供職員

①要件

介護福祉士、初任者研修または実務者研修修了者で、視覚障害者・児の福祉に関する事業において直接処遇職員として実務経験１年以上、または同行援護従業者養成研修一般課程修了者

②員数

常勤換算法で2.5人以上（サービス提供責任者を含む）

設備基準

①事業の運営を行なうために必要な広さを有する専用の区画（相談室等）を設けること

②同行援護の提供に必要な設備（感染症予防に必要な設備を含む）および備品などを備えること

◆ 行動援護 の指定基準

▶人員基準

1 管理者

常勤　※管理業務に支障がない場合は他の職務との兼務可

2 サービス提供責任者

①要件

介護福祉士、実務者研修修了者、または初任者研修修了者であって実務経験3年以上、もしくは行動援護従業者養成研修を修了した者のいずれかであって、知的障害者、精神障害者または障害児の直接支援業務に5年以上従事した者

②員数

事業所ごとに、常勤、専従の従事者であって、事業の規模に応じて1人以上（管理者との兼務可）

3 サービス提供職員

①要件

介護福祉士、初任者研修または実務者研修、行動援護従業者養成研修の修了者であって、知的障害者、精神障害者または障害児の直接支援業務に2年以上従事した者

②員数

常勤換算法で2.5人以上（サービス提供責任者を含む）

▶設備基準

①事業の運営を行なうために必要な広さを有する専用の区画（相談室等）を設けること

②指定行動援護の提供に必要な設備（感染症予防に必要な設備を含む）および備品などを備えること

短期入所 の指定基準

人員基準

1 管理者

常勤　※管理業務に支障がない場合は他の職務との兼務可

2 サービス提供職員

【必要な職種】

◦併設型事業所・空床利用型事業所
それぞれ事業所としての必要な職員を配置する。ただし、従業者の員数はそれぞれの入所、利用者数の総数とみなして、必要とされる数以上

◦単独型事業所
①管理者（事業所の管理上支障がない場合は兼務可）
②生活支援員または介護職員
（利用者のサービス提供に支障がない場合は兼務可）
③従業者
⑴指定生活介護事業所等のサービス提供時間帯は、利用者に対するサービス提供に必要な員数を確保すること
⑵サービス提供時間帯以外は、指定生活介護事業所等以外において6：1以上

設備基準

日常生活を支援するために必要な設備

◦併設型事業所・空床利用型事業所
それぞれに併設する事業所として必要な設備

◦単独型事業所
①居室
(ア)居室床面積……入所者1人当たり収納設備等を除き8㎡以上
(イ)居室の定員……4人以下
(ウ)地階への設置は不可
(エ)寝台、ブザー、またはこれらに代わる設備
②食堂
③浴室（利用者の特性に応じたもの）
④洗面設備（居室階ごとに、また利用者の特性に応じたもの）
⑤便所（居室階ごとに、また利用者の特性に応じたもの）

療養介護 の指定基準

人員基準

1 管理者

医師　※管理業務に支障がない場合は他の職務との兼務可

2 サービス管理責任者

1人以上は専従かつ常勤とする

- 利用者数が60人以下……1人以上
- 利用者数が60人超……1人＋利用者が60人を超えて40またはその端数を増すごとに1人増

3 サービス提供職員

【必要な職種】

①生活支援員

②(ア)医師（健康保険法に規定する厚生労働大臣が定める基準以上）

(イ)看護職員（看護師または准看護師・看護補助者）

【従業者の員数】

(1)①の配置数

常勤換算法により前年度の平均実利用人員（経過措置利用者を除く）の４：１以上、１人以上は常勤※

※診療報酬における所定の入院基本料（障害者施設等入院基本料、特殊疾患療養病棟入院料または療養病棟入院基本料）と看護補助加算等の算定により、看護職員および看護補助職員を2：1以上の割合で配置

(2)②の配置数

(ア)医師（健康保険法に規定する厚生労働大臣が定める基準以上）

(イ)看護職員　２：１

設備基準

(1) 最低定員（最低基準）……20人以上

(2) 医療法に規定する病院として必要な設備および多目的室その他運営上必要な設備を設置

生活介護 の指定基準

人員基準

1 管理者

管理業務に支障がない場合は他の職務との兼務可

2 サービス管理責任者

1人以上は専従かつ常勤とする

◦利用者数が60人以下……1人以上

◦利用者数が60人超……1人＋利用者が60人を超えて40またはその端数を増すごとに1人増

3 サービス提供職員

【必要な職種】

①医師（利用者全員の日常生活上の健康管理を行なうために必要な数）

②看護職員（保健師または看護師もしくは准看護師）

③理学療法士または作業療法士

……機能訓練を行なうために必要な数※1 ※2

※1 理学療法士または作業療法士の確保が困難な場合について、機能訓練指導員としてリハビリテーションに従事した経験がある看護師などをあてることが可能

※2 主に知的障害または精神障害を有する者を対象とする場合には、生活支援員または精神保健福祉士をもって代えることが可能

④生活支援員1人以上は常勤

【従業者の員数】

サービス提供職員②～④の配置総数

前年度の実利用人員の平均障害支援区分（経過措置利用者を除く）に応じて下記より算定した数

①平均障害支援区分4未満　6：1以上
昨年度の平均定員（平均実利用人員）÷6
〔例〕 定員20人の場合：20÷6＝3.3人以上の職員数が必要

②平均障害支援区分4以上5未満　5：1以上
昨年度の平均定員（平均実利用人員）÷5
〔例〕 定員20人の場合：20÷5＝4人以上の職員数が必要

③平均障害支援区分5以上　3：1以上
昨年度の平均定員（平均実利用人員）÷3
〔例〕 定員20人の場合：20÷3＝6.6人以上の職員数が必要

新規に開設する事業所については、①から③のいずれかを選択することとし、開所後3か月間の平均障害支援区分により変動がある場合には所要の手続きを行なう

設備基準

(1) 最低定員（最低基準)……20人以上※

※過疎、離島地域などにおいて、都道府県が利用者数の確保困難と認めた場合は10人以上

(2) 訓練などに必要な設備

①訓練・作業室……利用者へのサービス提供に支障がない広さを確保

②訓練・生産活動などに必要となる器具備品

(3) 日常生活を支援するために必要な設備

①洗面設備（利用者の特性に応じたもの）

②便所（利用者の特性に応じたもの）

③相談室……室内における談話の漏えいを防ぐための措置を講じる

④多目的室……サービス提供の場、利用者の食事や談話の場など

重度障害者等包括支援 の指定基準

人員基準

1 管理者

常勤　※管理業務に支障がない場合は他の職務との兼務可

2 サービス提供責任者

①要件

相談支援専門員であり、かつ重度障害者等包括支援利用対象者に対する入浴、排泄、食事等の介護その他これに準ずる業務に3年以上従事した経験を有する者

②員数

1人以上（1人は常勤）

3 サービス提供職員

指定障害福祉サービス事業所等の基準を満たしていること

設備基準

①事務室

②受付等

③サービス提供に必要な設備、備品等、とくに手指洗浄するための設備等感染症予防に必要な設備

自立訓練（機能訓練）の指定基準

人員基準

1 管理者

管理業務に支障がない場合は他の職務との兼務可

2 サービス管理責任者

1人以上は専従かつ常勤とする

◦利用者数が60人以下……1人以上

◦利用者数が60人超……1人＋利用者が60人を超えて40またはその端数を増すごとに1人増

3 サービス提供職員

【必要な職種】

①(ア) 看護職員（保健師または看護師もしくは准看護師）1人以上（1人は常勤）

(イ) 理学療法士または作業療法士1人以上※1 ※2

(ウ) 生活支援員1人以上（1人は常勤）

※1 理学療法士または作業療法士もしくは機能訓練指導員の確保が困難な場合において、機能訓練指導員としてリハビリテーションに従事した経験がある看護師などをあてることが可能

※2 主に視覚障害を有する者を対象として歩行訓練を行なう場合には、理学療法士に代えて歩行訓練士などとすることが可能

②訪問によるサービス提供（①に加えて）

訪問支援員……1人以上

【従業者の員数】

（ア）～（ウ）の配置総数

常勤換算法により、前年度の平均実利用人員の数　6：1以上

設備基準

(1) 最低定員（最低基準）……20人以上※

※過疎、離島地域などにおいて、都道府県が利用者数の確保困難と認めた場合は10人以上、多機能型の最低利用人員（最低基準）6名以上

(2) 訓練などに必要な設備

①訓練・作業室……利用者へのサービス提供に支障がない広さを確保

②訓練・作業に必要となる器具備品

(3) 日常生活を支援するために必要な設備

①洗面設備（利用者の特性に応じたもの）

②便所（利用者の特性に応じたもの）

③相談室……室内における談話の漏えいを防ぐための措置を講じる

④多目的室……サービス提供の場、利用者の食事や談話の場など

自立訓練（生活訓練）の指定基準

人員基準

1 管理者

管理業務に支障がない場合は他の職務との兼務可

2 サービス管理責任者

1人以上は専従かつ常勤とする

- 利用者数が60人以下……1人以上
- 利用者数が60人超……1人＋利用者が60人を超えて40またはその端数を増すごとに1人増

3 サービス提供職員

【必要な職種】

①生活支援員　1人以上

②訪問によるサービス提供（①に加えて）

訪問支援員……1人以上

③地域支援相談員……指定宿泊型自立訓練を行なう場合に1人以上

【従業者の員数】

- 配置数

6：1以上（指定宿泊型自立訓練を行なう場合はその利用者に対して、10：1との合計数）1人以上は常勤※

※健康上の管理などが必要な者がいる場合には、看護職員（保健師または看護師もしくは准看護師）を置くことができる

設備基準

（1）最低定員（最低基準）……20人以上※

※過疎、離島地域などにおいて、都道府県が利用者数の確保困難と認めた場合は10人以上、多機能型の最低利用人員（最低基準）6人以上

（2）訓練などに必要な設備

①訓練・作業室……利用者へのサービス提供に支障がない広さを確保

②訓練・作業に必要となる器具備品

（3）日常生活を支援するために必要な設備

①洗面設備（利用者の特性に応じたもの）

②便所（利用者の特性に応じたもの）

③相談室……室内における談話の漏えいを防ぐための措置を講じる

④指定宿泊型自立訓練を行なう場合は、居室（7.43㎡以上）、利用者の特性に応じた浴室を設ける。ただし、指定宿泊型自立訓練のみを行なう事業所は訓練作業室を設けないことができる

自立生活援助 の指定基準

人員基準

1 管理者

管理業務に支障がない場合は他の職務との兼務可

2 サービス管理責任者

次に掲げる利用者の数の区分に応じ、それぞれに掲げる数以上

- 利用者の数が30人以下……１人以上
- 利用者の数が31人以上……１人に、利用者数が30人を超えて30またはその端数を増すごとに１人を加えて得た人数以上

3 地域生活支援員

指定自立生活援助事業所ごとに１人以上

※利用者の数が25人またはその端数を増すごとに１人とすることを標準とする

2021年度より、サービス管理責任者と地域生活支援員の兼務が認められている

設備基準

事業を行なうために必要な広さの区画、設備および備品等を備えること

就労定着支援 の指定基準

人員基準

1 管理者

管理業務に支障がない場合は他の職務との兼務可

2 サービス管理責任者

次に掲げる利用者の数の区分に応じ、それぞれに掲げる数以上

- 利用者の数が60人以下……１人以上
- 利用者の数が61人以上で１人＋利用者数が60人を超えて40またはその端数を増すごとに１人を加えて得た人数以上

※就労定着支援と生活介護、自立訓練、就労移行支援または就労継続支援を一体的に運営している場合は、それぞれの利用者の合計数に応じて配置する

3 就労定着支援員

常勤換算方法で、40：1以上

設備基準

事業を行なうために必要な広さの区画、設備および備品等を備えること

就労移行支援 の指定基準

人員基準

1 管理者

常勤　※管理業務に支障がない場合は他の職務との兼務可

2 サービス管理責任者

1人以上は専従かつ常勤とする

- 利用者数が60人以下……1人以上
- 利用者数が60人超……1人＋利用者数が60人を超えて40またはその端数を増すごとに1人を加えて得た人数以上

3 サービス提供職員

【必要な職種】

①職業指導員
②生活支援員
……①・②のうち、いずれか1人以上は常勤

③就労支援員……1人以上は常勤

【従業者の員数】

サービス提供職員①・②の配置総数

常勤換算法により、前年度における平均実利用人員の6：1以上

サービス提供職員③の配置数

常勤換算法により、前年度における平均実利用人員の15：1以上

設備基準

（1）最低定員（最低基準）……20人以上※

※過疎、離島地域などにおいて、都道府県が利用者数の確保困難と認めた場合は10人以上、多機能型の最低利用人員（最低基準）6人以上

（2）訓練などに必要な設備

①訓練・作業室……利用者へのサービス提供に支障がない広さを確保する

②訓練・作業に必要となる器具備品

（3）日常生活を支援するために必要な設備

①洗面設備（利用者の特性に応じたもの）

②便所（利用者の特性に応じたもの）

③相談室……室内における談話の漏えいを防ぐための措置を講じる

④多目的室……サービス提供の場、利用者の食事や談話の場など

就労継続支援（A型＝雇用型）の指定基準

人員基準

1 管理者

管理業務に支障がない場合は他の職務との兼務可

2 サービス管理責任者

1人以上は専従かつ常勤とする

- 利用者数が60人以下……1人以上
- 利用者数が60人超……1人＋利用者数が60人を超えて40またはその端数を増すごとに1人増

3 サービス提供職員

【必要な職種】

①職業指導員
②生活支援員
①・②のうちいずれか1人以上は常勤

【従業者の員数】

①・②の配置総数
常勤換算法により、前年度における平均実利用人員の10：1以上

設備基準

（1）最低定員（最低基準）……10人以上※

※多機能型の最低利用人員（最低基準）10人以上

（2）就労などに必要な設備
①作業室など事業に必要な設備
②事業に必要となる器具・備品

（3）日常生活を支援するために必要な設備
①洗面設備（利用者の特性に応じたもの）
②便所（利用者の特性に応じたもの）
③相談室………室内における談話の漏えいを防ぐための措置を講じる
④多目的室……サービス提供の場、利用者の食事や談話の場など

就労継続支援（B型＝非雇用型）の指定基準

人員基準

1 管理者

管理業務に支障がない場合は他の職務との兼務可

2 サービス管理責任者

1人以上は専従かつ常勤とする

- 利用者数が60人以下……1人以上
- 利用者数が60人超……1人＋利用者数が60人を超えて40またはその端数を増すごとに1人増

3 サービス提供職員

【必要な職種】

①職業指導員
②生活支援員
①・②のうちいずれか1人以上は常勤

【従業者の員数】

①・②の配置総数
常勤換算法により、前年度における平均実利用人員の数を10で除した数以上（10：1以上）

設備基準

（1）最低定員（最低基準）……20人以上※

※過疎、離島地域などにおいて、都道府県が利用者数の確保困難と認めた場合は10人以上、多機能型の最低利用人員（最低基準）10人以上

（2）就労などに必要な設備
①作業室など生産活動などに必要な設備
②生産活動などに必要となる器具・備品

（3）日常生活を支援するために必要な設備
①洗面設備（利用者の特性に応じたもの）
②便所（利用者の特性に応じたもの）
③相談室……室内における談話の漏えいを防ぐための措置を講じる
④多目的室……サービス提供の場、利用者の食事や談話の場など

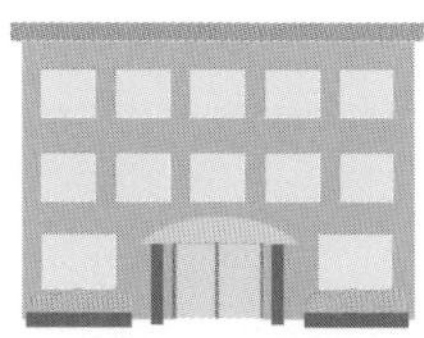

共同生活援助 の指定基準

人員基準

1 管理者

常勤　※管理業務に支障がない場合は他の職務との兼務可

2 サービス管理責任者

指定事業所単位で1人以上

- 利用者数が30人以下……1人以上
- 利用者数が30人超……1人＋利用者が30人を超えて30またはその端数を増すごとに1人増

3 サービス提供職員

【必要な職種】

①世話人　②生活支援員　①②のいずれか1人以上は常勤

【従業者の員数】

①世話人

介護サービス包括型　6：1以上
日中サービス支援型　5：1以上
外部サービス利用型　6：1以上
（ただし、2014年4月1日において現存する事業所は当分の間 10:1）

②生活支援員（外部サービス利用型を除く）　以下の合計数以上

1）障害支援区分3に該当する利用者数　9：1
2）障害支援区分4に該当する利用者数　6：1
3）障害支援区分5に該当する利用者数　4：1
4）障害支援区分6に該当する利用者数 2.5：1

※共同生活住居ごとに夜間および深夜の時間帯を通じて1人以上の夜間支援従事者を置く

設備基準

1 定員

①事業所の最低定員……4人以上

②住居1か所当たりの利用者数……2人以上10人以下

- 既存の建物を活用する場合、20人まで（10人までを1つとする生活単位を2つまで）
- 都道府県障害福祉計画により、居住サービスが不足するとされる地域において、都道府県知事が特別の必要性があるとして個別に認める場合、30人まで

③ユニットの定員2人以上10人以下

ユニットの居室の定員＝1人

2 日常生活を支援するために必要な設備

①居室

- 居室の定員……原則個室
- 居室床面積……入居者1人当たり7.43㎡以上（収納設備などを除く）
- 収納設備などの設置

※現に存するグループホームなどについては、経過措置を設ける

②居間または食堂

1つの場所とすることが可

③台所、洗面設備、便所などの共有設備

ユニットごとに配置

3 指定事業所サテライトの範囲（日中サービス支援型を除く）

適切な運営が確保されるよう、一定の地域の範囲内おおむね30分程度において事業を実施する

①事業所

連絡や往来などの点で、指定事業所としての一体的なサービス提供に支障がない範囲

②世話人が行なう業務

利用者が居住する住居について、個々の世話人が日常生活上の支援を行なううえで支障がない範囲

③夜間支援体制

利用者が居住する住居について、緊急時に速やかに対処できる距離や位置関係にあるなど、夜間の生活支援上支障がない範囲

▶運営基準

- 協力機関

サービス提供体制の確保、夜間における緊急時の対応などのため、他の障害福祉サービス事業者など関係機関などとの連携、および支援の体制を確保する

〔防火安全対策〕

消防法令により、グループホームなどの施設においては、自動火災報知設備や火災通報装置、消火器の設置、防火教育・訓練の実施など、施設の実態に応じた防火安全対策が義務づけられています。事業を行なう際は、事前に地域の消防署に連絡をとり、必要となる防火対策の具体的な内容等を確認のうえ、対策を講じなくてはなりません。

児童発達支援（児童発達支援センター以外）の指定基準

人員基準

【必要な職種】

1 管理者

専従　※管理業務に支障がない場合は他の職務との兼務可

2 児童発達支援管理責任者

1人は専従かつ常勤

3 児童指導員、保育士

1人は常勤

4 機能訓練担当職員（機能訓練を行なう場合）

（主として重症心身障害児が利用する場合）1人以上

①児童発達支援管理責任者1人以上
②嘱託医師1人以上
③看護職員1人以上
④児童指導員または保育士1人以上
⑤機能訓練担当職員1人以上

5 看護職員（医療的ケアを行なう場合）

【従業者の員数】

3 児童指導員、保育士

以下の合計数

障害児が10人まで　10：2以上
10人を超えるもの　10人を超えて5人またはその端数を増すごとに1人

・機能訓練担当職員の数を合計数に含めることができる
・半数以上が児童指導員または保育士であること

設備基準

指導訓練室
その他サービスの提供に必要な設備および備品等を備えること

児童発達支援（児童発達支援センター）の指定基準

人員基準

【必要な職種】

1 管理者

管理業務に支障がない場合は他の職務との兼務可

2 児童発達支援管理責任者

3 嘱託医

4 児童指導員および保育士

5 栄養士　障害児の数が 40 人以下の場合は置かないことができる

6 調理員　委託の場合は置かないことができる

7 機能訓練担当職員（機能訓練を行なう場合）

（主として重症心身障害児が利用する場合、上記に加えて）

①看護師　１人以上

②機能訓練担当職員　１人以上（必置）

（主として難聴児が利用する場合、上記に加えて）

①言語聴覚士　４人以上

【従業者の員数】

4 児童指導員および保育士　おおむね４：１

・機能訓練担当職員の数を合計数に含めることができる

設備基準

指導訓練室　１人あたり2.47㎡以上（主として難聴児、重症心身障害児の利用の場合を除く）

遊戯室　１人あたり1.65㎡以上（主として難聴児、重症心身障害児の利用の場合を除く）（主として重症心身障害児の利用の場合、設けないこともできる）

屋外遊戯場、医務室、相談室（主として重症心身障害児の利用の場合、設けないこともできる）

調理室

便所

静養室（主として重症心身障害児の利用の場合）

聴力検査室（主として難聴児の利用の場合）

その他サービスの提供に必要な設備および備品等を備えること

医療型児童発達支援の指定基準

人員基準

【必要な職種】

1 管理者

専従　※管理業務に支障がない場合は他の職務との兼務可

2 児童発達支援管理責任者

3 嘱託医

診療所に必要とする従業員

医療法に規定する必要数

4 児童指導員　1人以上

5 保育士　1人以上

6 看護職員

7 理学療法士または作業療法士

8 機能訓練担当職員　（言語訓練等を行なう場合）必要数

設備基準

指導訓練室、屋外訓練場、相談室および調理室

医療法に規定する診療所に必要とされる設備

浴室および便所（手すり等身体の機能の不自由を助ける設備）

階段の傾斜（緩やかなもの）

その他サービスの提供に必要な設備および備品等を備えること

放課後等デイサービス の指定基準

人員基準

【必要な職種】

1 管理者

常勤　※管理業務に支障がない場合は他の職務との兼務可

2 児童発達支援管理責任者

1人は専従かつ常勤

3 児童指導員、保育士

1人は常勤

4 機能訓練担当職員（機能訓練を行なう場合）

（主として重症心身障害児が利用する場合）

①児童発達支援管理責任者　1人以上
②嘱託医師　1人以上
③看護職員　1人以上
④児童指導員または保育士　1人以上
⑤機能訓練担当職員　1人以上
（機能訓練を行なわない時間帯については置かないことができる）

【従業者の員数】

3 児童指導員、保育士

以下の合計数

障害児が10人まで　10：2以上
10人を超えるもの　10人を超えて5人またはその端数を増すごとに1人増

・機能訓練担当職員の数を合計数に含めることができる
・半数以上が児童指導員または保育士であること

設備基準

指導訓練室
その他サービスの提供に必要な設備および備品等を備えること

居宅訪問型児童発達支援の指定基準

人員基準

1 管理者

管理業務に支障がない場合は、訪問支援員、児童発達支援管理責任者を兼務する場合を除き、他の職務も兼務可

2 児童発達支援管理責任者

1人以上、専任

3 訪問支援員

必要数

障害児について、介護、訓練等を行なう業務その他の業務に3年以上従事した理学療法士、作業療法士、言語聴覚士、看護職員または保育士等

設備基準

専用の区画を確保する

その他サービスの提供に必要な設備および備品等を備えること

保育所等訪問支援の指定基準

人員基準

1 管理者

常勤　※管理者業務に支障がない場合は、訪問支援員、児童発達支援管理責任者を兼務する場合を除き、他の職務も兼務可

2 児童発達支援管理責任者

1人以上、専任

3 訪問支援員

必要数

設備基準

専用の区画を確保する

その他サービスの提供に必要な設備および備品等を備えること

◆指定基準に関する主な法令・通知

〔基本法令〕

○障害者の日常生活及び社会生活を総合的に支援するための法律
○障害者の日常生活及び社会生活を総合的に支援するための法律施行令
○障害者の日常生活及び社会生活を総合的に支援するための法律施行規則

〔人員・設備・運営に関する指定基準〕

○障害者の日常生活及び社会生活を総合的に支援するための法律に基づく指定障害福祉サービスの事業等の人員、設備及び運営に関する基準
○障害者の日常生活及び社会生活を総合的に支援するための法律に基づく指定障害者支援施設等の人員、設備及び運営に関する基準
○障害者の日常生活及び社会生活を総合的に支援するための法律に基づく指定地域相談支援の事業の人員及び運営に関する基準
○障害者の日常生活及び社会生活を総合的に支援するための法律に基づく指定計画相談支援の事業の人員及び運営に関する基準
○児童福祉法に基づく指定障害児相談支援の事業の人員及び運営に関する基準
○障害者の日常生活及び社会生活を総合的に支援するための法律に基づく障害福祉サービス事業の設備及び運営に関する基準
○障害者の日常生活及び社会生活を総合的に支援するための法律に基づく障害者支援施設の設備及び運営に関する基準
■障害者の日常生活及び社会生活を総合的に支援するための法律に基づく指定障害福祉サービスの事業等の人員、設備及び運営に関する基準について
■障害者の日常生活及び社会生活を総合的に支援するための法律に基づく指定障害者支援施設等の人員、設備及び運営に関する基準について

〔介護給付費・訓練等給付費の請求に関する基準〕

○介護給付費等の請求に関する省令
○障害者の日常生活及び社会生活を総合的に支援するための法律に基づく指定障害福祉サービス等及び基準該当障害福祉サービスに要する費用の額の算定に関する基準
■障害者の日常生活及び社会生活を総合的に支援するための法律に基づく指定障害福祉サービス等及び基準該当障害福祉サービスに要する費用の額の算定に関する基準等の制定に伴う実施上の留意事項について

※法令・通知は、随時改正されます。
　最新情報は下記のホームページなどで確認してください。

★厚生労働省法令等データベースサービス
http://www.mhlw.go.jp/hourei/

○の法令＝法令検索（目次検索）→「第9編社会・援護」→「第2章障害保健福祉」
■の通知＝通知検索（目次検索）→「第9編社会・援護」→「第2章障害保健福祉」
　　→「障害者の日常生活及び社会生活を総合的に支援するための法律」

障害者総合支援法の対象疾病一覧

2024年4月1日現在

番号	疾病名	番号	疾病名	番号	疾病名
1	アイカルディ症候群	35	ADH分泌異常症	69	急性壊死性脳症
2	アイザックス症候群	36	エーラス・ダンロス症候群	70	急性網膜壊死
3	IgA腎症	37	エプスタイン症候群	71	球脊髄性筋萎縮症
4	IgG4関連疾患	38	エプスタイン病	72	急速進行性糸球体腎炎
5	亜急性硬化性全脳炎	39	エマヌエル症候群	73	強直性脊椎炎
6	アジソン病	40	MECP2重複症候群	74	巨細胞性動脈炎
7	アッシャー症候群	41	遠位型ミオパチー	75	巨大静脈奇形（頚部口腔咽頭びまん性病変）
8	アトピー性脊髄炎	42	円錐角膜	76	巨大動静脈奇形（頚部顔面又は四肢病変）
9	アペール症候群	43	黄色靭帯骨化症	77	巨大膀胱短小結腸腸管蠕動不全症
10	アミロイドーシス	44	黄斑ジストロフィー	78	巨大リンパ管奇形（頚部顔面病変）
11	アラジール症候群	45	大田原症候群	79	筋萎縮性側索硬化症
12	アルポート症候群	46	オクシピタル・ホーン症候群	80	筋型糖原病
13	アレキサンダー病	47	オスラー病	81	筋ジストロフィー
14	アンジェルマン症候群	48	カーニー複合	82	クッシング病
15	アントレー・ビクスラー症候群	49	海馬硬化を伴う内側側頭葉てんかん	83	クリオピリン関連周期熱症候群
16	イソ吉草酸血症	50	潰瘍性大腸炎	84	クリッペル・トレノネー・ウェーバー症候群
17	一次性ネフローゼ症候群	51	下垂体前葉機能低下症	85	クルーゾン症候群
18	一次性膜性増殖性糸球体腎炎	52	家族性地中海熱	86	グルコーストランスポーター1欠損症
19	1p36欠失症候群	53	家族性低βリポタンパク血症1（ホモ接合体）	87	グルタル酸血症1型
20	遺伝性自己炎症疾患	54	家族性良性慢性天疱瘡	88	グルタル酸血症2型
21	遺伝性ジストニア	55	カナバン病	89	クロウ・深瀬症候群
22	遺伝性周期性四肢麻痺	56	化膿性無菌性関節炎・壊疽性膿皮症・アクネ症候群	90	クローン病
23	遺伝性膵炎	57	歌舞伎症候群	91	クロンカイト・カナダ症候群
24	遺伝性鉄芽球性貧血	58	ガラクトース－1－リン酸ウリジルトランスフェラーゼ欠損症	92	痙攣重積型（二相性）急性脳症
25	ウィーバー症候群	59	カルニチン回路異常症	93	結節性硬化症
26	ウィリアムズ症候群	60	加齢黄斑変性	94	結節性多発動脈炎
27	ウィルソン病	61	肝型糖原病	95	血栓性血小板減少性紫斑病
28	ウエスト症候群	62	間質性膀胱炎（ハンナ型）	96	限局性皮質異形成
29	ウェルナー症候群	63	環状20番染色体症候群	97	原発性局所多汗症
30	ウォルフラム症候群	64	関節リウマチ	98	原発性硬化性胆管炎
31	ウルリッヒ病	65	完全大血管転位症	99	原発性高脂血症
32	HTRA1関連脳小血管病	66	眼皮膚白皮症	100	原発性側索硬化症
33	HTLV－1関連脊髄症	67	偽性副甲状腺機能低下症	101	原発性胆汁性胆管炎
34	ATR－X症候群	68	ギャロウェイ・モワト症候群	102	原発性免疫不全症候群

番号	疾病名	番号	疾病名	番号	疾病名
103	顕微鏡的大腸炎	139	シェーグレン症候群	175	脆弱X症候群関連疾患
104	顕微鏡的多発血管炎	140	色素性乾皮症	176	成人発症スチル病
105	高ＩｇＤ症候群	141	自己貪食空胞性ミオパチー	177	成長ホルモン分泌亢進症
106	好酸球性消化管疾患	142	自己免疫性肝炎	178	脊髄空洞症
107	好酸球性多発血管炎性肉芽腫症	143	自己免疫性後天性凝固因子欠乏症	179	脊髄小脳変性症(多系統萎縮症を除く。)
108	好酸球性副鼻腔炎	144	自己免疫性溶血性貧血	180	脊髄髄膜瘤
109	抗糸球体基底膜腎炎	145	四肢形成不全	181	脊髄性筋萎縮症
110	後縦靭帯骨化症	146	シトステロール血症	182	セピアプテリン還元酵素（SR）欠損症
111	甲状腺ホルモン不応症	147	シトリン欠損症	183	前眼部形成異常
112	拘束型心筋症	148	紫斑病性腎炎	184	全身性エリテマトーデス
113	高チロシン血症1型	149	脂肪萎縮症	185	全身性強皮症
114	高チロシン血症2型	150	若年性特発性関節炎	186	先天異常症候群
115	高チロシン血症3型	151	若年性肺気腫	187	先天性横隔膜ヘルニア
116	後天性赤芽球癆	152	シャルコー・マリー・トゥース病	188	先天性核上性球麻痺
117	広範脊柱管狭窄症	153	重症筋無力症	189	先天性気管狭窄症／先天性声門下狭窄症
118	膠様滴状角膜ジストロフィー	154	修正大血管転位症	190	先天性魚鱗癬
119	抗リン脂質抗体症候群	155	ジュベール症候群関連疾患	191	先天性筋無力症候群
120	コケイン症候群	156	シュワルツ・ヤンペル症候群	192	先天性グリコシルホスファチジルイノシトール（GPI）欠損症
121	コステロ症候群	157	徐波睡眠期持続性棘徐波を示すてんかん性脳症	193	先天性三尖弁狭窄症
122	骨形成不全症	158	神経細胞移動異常症	194	先天性腎性尿崩症
123	骨髄異形成症候群	159	神経軸索スフェロイド形成を伴う遺伝性びまん性白質脳症	195	先天性赤血球形成異常性貧血
124	骨髄線維症	160	神経線維腫症	196	先天性僧帽弁狭窄症
125	ゴナドトロピン分泌亢進症	161	神経有棘赤血球症	197	先天性大脳白質形成不全症
126	5p欠失症候群	162	進行性核上性麻痺	198	先天性肺静脈狭窄症
127	コフィン・シリス症候群	163	進行性家族性肝内胆汁うっ滞症	199	先天性風疹症候群
128	コフィン・ローリー症候群	164	進行性骨化性線維異形成症	200	先天性副腎低形成症
129	混合性結合組織病	165	進行性多巣性白質脳症	201	先天性副腎皮質酵素欠損症
130	鰓耳腎症候群	166	進行性白質脳症	202	先天性ミオパチー
131	再生不良性貧血	167	進行性ミオクローヌスてんかん	203	先天性無痛無汗症
132	サイトメガロウィルス角膜内皮炎	168	心室中隔欠損を伴う肺動脈閉鎖症	204	先天性葉酸吸収不全
133	再発性多発軟骨炎	169	心室中隔欠損を伴わない肺動脈閉鎖症	205	前頭側頭葉変性症
134	左心低形成症候群	170	スタージ・ウェーバー症候群	206	線毛機能不全症候群（カルタゲナー症候群を含む。）
135	サルコイドーシス	171	スティーヴンス・ジョンソン症候群	207	早期ミオクロニー脳症
136	三尖弁閉鎖症	172	スミス・マギニス症候群	208	総動脈幹遺残症
137	三頭酵素欠損症	173	スモン	209	総排泄腔遺残
138	CFC症候群	174	脆弱X症候群	210	総排泄腔外反症

番号	疾病名	番号	疾病名	番号	疾病名
211	ソトス症候群	246	特発性大腿骨頭壊死症	281	非ジストロフィー性ミオトニー症候群
212	ダイアモンド・ブラックファン貧血	247	特発性多中心性キャッスルマン病	282	皮質下梗塞と白質脳症を伴う常染色体優性脳動脈症
213	第14番染色体父親性ダイソミー症候群	248	特発性門脈圧亢進症	283	肥大型心筋症
214	大脳皮質基底核変性症	249	特発性両側性感音難聴	284	左肺動脈右肺動脈起始症
215	大理石骨病	250	突発性難聴	285	ビタミンD依存性くる病/骨軟化症
216	ダウン症候群	251	ドラベ症候群	286	ビタミンD抵抗性くる病/骨軟化症
217	高安動脈炎	252	中條・西村症候群	287	ビッカースタッフ脳幹脳炎
218	多系統萎縮症	253	那須・ハコラ病	288	非典型溶血性尿毒症症候群
219	タナトフォリック骨異形成症	254	軟骨無形成症	289	非特異性多発性小腸潰瘍症
220	多発血管炎性肉芽腫症	255	難治頻回部分発作重積型急性脳炎	290	皮膚筋炎／多発性筋炎
221	多発性硬化症／視神経脊髄炎	256	22q11.2欠失症候群	291	びまん性汎細気管支炎
222	多発性軟骨性外骨腫症	257	乳幼児肝巨大血管腫	292	肥満低換気症候群
223	多発性嚢胞腎	258	尿素サイクル異常症	293	表皮水疱症
224	多脾症候群	259	ヌーナン症候群	294	ヒルシュスプルング病（全結腸型又は小腸型）
225	タンジール病	260	ネイルパテラ症候群（爪膝蓋骨症候群）/LMX1B関連腎症	295	VATER症候群
226	単心室症	261	ネフロン癆	296	ファイファー症候群
227	弾性線維性仮性黄色腫	262	脳クレアチン欠乏症候群	297	ファロー四徴症
228	短腸症候群	263	脳腱黄色腫症	298	ファンコニ貧血
229	胆道閉鎖症	264	脳内鉄沈着神経変性症	299	封入体筋炎
230	遅発性内リンパ水腫	265	脳表ヘモジデリン沈着症	300	フェニルケトン尿症
231	チャージ症候群	266	膿疱性乾癬	301	フォンタン術後症候群
232	中隔視神経形成異常症/ドモルシア症候群	267	嚢胞性線維症	302	複合カルボキシラーゼ欠損症
233	中毒性表皮壊死症	268	パーキンソン病	303	副甲状腺機能低下症
234	腸管神経節細胞僅少症	269	バージャー病	304	副腎白質ジストロフィー
235	TRPV4異常症	270	肺静脈閉塞症／肺毛細血管腫症	305	副腎皮質刺激ホルモン不応症
236	TSH分泌亢進症	271	肺動脈性肺高血圧症	306	ブラウ症候群
237	TNF受容体関連周期性症候群	272	肺胞蛋白症（自己免疫性又は先天性）	307	プラダー・ウィリ症候群
238	低ホスファターゼ症	273	肺胞低換気症候群	308	プリオン病
239	天疱瘡	274	ハッチンソン・ギルフォード症候群	309	プロピオン酸血症
240	特発性拡張型心筋症	275	バッド・キアリ症候群	310	PRL分泌亢進症（高プロラクチン血症）
241	特発性間質性肺炎	276	ハンチントン病	311	閉塞性細気管支炎
242	特発性基底核石灰化症	277	汎発性特発性骨増殖症	312	β-ケトチオラーゼ欠損症
243	特発性血小板減少性紫斑病	278	PCDH19関連症候群	313	ベーチェット病
244	特発性血栓症（遺伝性血栓性素因によるものに限る。）	279	非ケトーシス型高グリシン血症	314	ベスレムミオパチー
245	特発性後天性全身性無汗症	280	肥厚性皮膚骨膜症	315	ヘパリン起因性血小板減少症

番号	疾病名	番号	疾病名	番号	疾病名
316	ヘモクロマトーシス	334	ミオクロニー脱力発作を伴うてんかん	352	ライソゾーム病
317	ペリー病	335	ミトコンドリア病	353	ラスムッセン脳炎
318	ペルーシド角膜辺縁変性症	336	無虹彩症	354	ランゲルハンス細胞組織球症
319	ペルオキシソーム病（副腎白質ジストロフィーを除く。）	337	無脾症候群	355	ランドウ・クレフナー症候群
320	片側巨脳症	338	無βリポタンパク血症	356	リジン尿性蛋白不耐症
321	片側痙攣・片麻痺・てんかん症候群	339	メープルシロップ尿症	357	両側性小耳症・外耳道閉鎖症
322	芳香族L−アミノ酸脱炭酸酵素欠損症	340	メチルグルタコン酸尿症	358	両大血管右室起始症
323	発作性夜間ヘモグロビン尿症	341	メチルマロン酸血症	359	リンパ管腫症/ゴーハム病
324	ホモシスチン尿症	342	メビウス症候群	360	リンパ脈管筋腫症
325	ポルフィリン症	343	メンケス病	361	類天疱瘡（後天性表皮水疱症を含む。）
326	マリネスコ・シェーグレン症候群	344	網膜色素変性症	362	ルビンシュタイン・テイビ症候群
327	マルファン症候群/ロイス・ディーツ症候群	345	もやもや病	363	レーベル遺伝性視神経症
328	慢性炎症性脱髄性多発神経炎／多巣性運動ニューロパチー	346	モワット・ウイルソン症候群	364	レシチンコレステロールアシルトランスフェラーゼ欠損症
329	慢性血栓塞栓性肺高血圧症	347	薬剤性過敏症症候群	365	劣性遺伝形式をとる遺伝性難聴
330	慢性再発性多発性骨髄炎	348	ヤング・シンプソン症候群	366	レット症候群
331	慢性膵炎	349	優性遺伝形式をとる遺伝性難聴	367	レノックス・ガストー症候群
332	慢性特発性偽性腸閉塞症	350	遊走性焦点発作を伴う乳児てんかん	368	ロスムンド・トムソン症候群
333	ミオクロニー欠神てんかん	351	4p欠失症候群	369	肋骨異常を伴う先天性側弯症

❖障害者総合支援法と難病法で異なる疾病名

障害者総合支援法の対象疾病		難病法の指定難病
10	アミロイドーシス	全身性アミロイドーシス
35	ADH分泌異常症	下垂体性ADH分泌異常症
64	関節リウマチ	悪性関節リウマチ
99	原発性高脂血症	家族性高コレステロール血症（ホモ接合体）
		原発性高カイロミクロン血症
119	抗リン脂質抗体症候群	原発性抗リン脂質抗体症候群
125	ゴナドトロピン分泌亢進症	下垂体性ゴナドトロピン分泌亢進症
151	若年性肺気腫	α1−アンチトリプシン欠乏症
177	成長ホルモン分泌亢進症	下垂体性成長ホルモン分泌亢進症
236	TSH分泌亢進症	下垂体性TSH分泌亢進症
249	特発性両側性感音難聴	若年発症型両側性感音難聴
266	膿疱性乾癬	膿疱性乾癬（汎発型）
310	PRL分泌亢進症（高プロラクチン血症）	下垂体性PRL分泌亢進症

注）障害者総合支援法の対象疾病は、指定難病より対象範囲が広くなっています。

❖経過的に対象となっている疾病

以下の疾病については、障害者総合支援法の対象外となりましたが、すでに障害福祉サービス等※の支給決定等を受けたことがある人は引き続き利用可能です。

※障害福祉サービス・相談支援・補装具および地域生活支援事業（障害児の場合は、障害児通所支援と障害児入所支援も含む）

①2015年１月以降に対象外になった疾病

疾病名
劇症肝炎
重症急性膵炎

2014年12月31日までに障害福祉サービス等※の支給決定等を受けた人は引き続き利用可能です。

②2015年７月以降に対象外になった疾病

疾病名	
肝外門脈閉塞症	視神経症
肝内結石症	神経性過食症
偽性低アルドステロン症	神経性食欲不振症
ギラン・バレ症候群	先天性QT延長症候群
グルココルチコイド抵抗症	TSH受容体異常症
原発性アルドステロン症	特発性血栓症
硬化性萎縮性苔癬	フィッシャー症候群
好酸球性筋膜炎	メニエール病

2015年６月30日までに障害福祉サービス等※の支給決定等を受けた人は引き続き利用可能です。

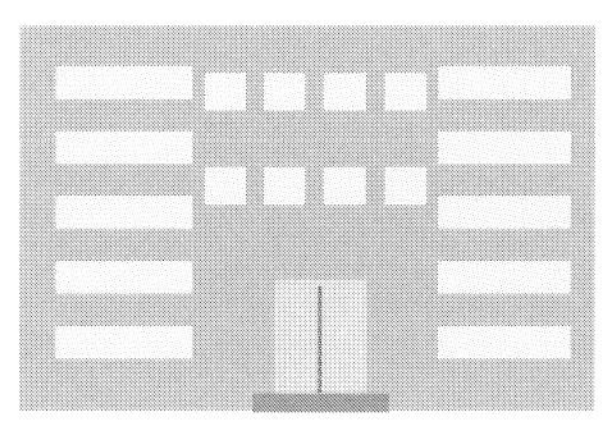

❖障害福祉関連のお役立ちサイト

◎内閣府「障害者施策」

http://www8.cao.go.jp/shougai/index.html

障害者基本法・基本計画、障害者権利条約、障害者白書など障害者施策に関する情報を掲載

◎厚生労働省「福祉・介護」

https://www.mhlw.go.jp/stf/seisakunitsuite/bunya/hukushi_kaigo/index.html/

障害福祉サービスをはじめとする障害保健福祉施策に関する最新情報や報道発表資料を公開

◎国立精神・神経医療研究センター　精神保健研究所「こころの情報サイト」

https://kokoro.hchp.go.jp

こころの健康や病気に対する支援やサービスに関する総合ウェブサイト

◎DINF（障害保健福祉研究情報システム）

https://www.dinf.ne.jp/index.html

ICT（情報コミュニケーション技術）による障害者の社会参加についての注目すべきトピックなどを紹介

◎発達障害情報・支援センター（国立障害者リハビリテーションセンター）

http://www.rehab.go.jp/ddis/

発達障害者とその家族、発達障害にかかわる人（支援者）などを対象に発達障害に関する情報を提供

◎福祉用具ニーズ情報収集・提供システム（テクノエイド協会）

https://www7.techno-aids.or.jp/

利用者から福祉用具に関する意見・要望を聞き、福祉用具の研究開発につなげるマッチングサイト

山内一永（やまのうち　かずひさ）
行政書士。1968年東京都杉並区生まれ。日本大学大学院法学研究科修士課程修了。2003年中野坂上行政法務事務所開所。04年中野坂上行政書士事務所に改称、現在地に移転。行政書士として、介護保険、障害者総合支援法に基づく事業者指定を通じ、介護・支援事業者の相談者として活躍。商工会議所、商工会、雇用能力開発機構などでの講演も精力的にこなしている。経済産業省後援・DREAM GATE（ドリームゲート）起業アドバイザー（～2014年）、東京都福祉サービスにおける第三者評価の評価者（～2012年）を務める。

〔連絡先〕
〒164-0012
東京都中野区本町3-30-14　コアシティ中野坂上704
中野坂上行政書士事務所
ホームページ　http://www.nakanosakaue.jp/

図解(ずかい)　障害者総合支援法早わかりガイド(しょうがいしゃそうごうしえんほうはや)［第5版(だいはん)］

2007年7月20日　初 版 発 行
2024年4月20日　最新5版発行

著　者　山内一永
発行者　杉本淳一

発行所　株式会社日本実業出版社　東京都新宿区市谷本村町3-29 〒162-0845
編集部　☎03-3268-5651
営業部　☎03-3268-5161　振　替　00170-1-25349
https://www.njg.co.jp/

印刷／壮 光 舎　　製 本／共 栄 社

ISBN 978-4-534-06096-9　Printed in JAPAN